SUPPORT BOOK

D0766795

Willkommen!

Paul Coggle and Heiner Schenke

Hodder & Stoughton

A MEMBER OF HODDER HEADLINE PLC

Orders: please contact Bookpoint Ltd, 130 Milton Park, Abingdon, Oxon OX14 4SB. Telephone: (44) 01235 827720. Fax: (44) 01235 400454. Lines are open from 9.00–6.00, Monday to Saturday, with a 24 hour message answering service.

British Library Cataloguing in Publication Data
A catalogue record for this title is available from The British Library

First published 1998
Impression number 10 9 8
Year   2004 2003

Typeset by Wearset, Boldon , Tyne and Wear.
Printed in Great Britain for Hodder & Stoughton Educational, a division of Hodder Headline Plc, 338 Euston Road, London NW1 3BH by The Bath Press, Bath

Contents

Key to exercises

Lektion eins   Guten Tag!

3 ☞ formal – **a**, **b**; informal – **c**, **d**.

5 a) Guten / heißen Sie; b) Guten Tag / heißen Sie; c) Hallo / heißt du; d) Hallo. Wie heißen Sie?

6 Emma Klein, Martin Schwarz, Sander Schmidt.

8 *Greetings / farewells* **a** = 2; **b** = 4; **c** = 3; **d** = 1.

9 ☞ *Greetings on radio and TV: Six greetings* Guten Abend; Guten Morgen (*twice*); Gute Nacht (*twice*); Guten Tag.

12 ☞ *Federal German Soccer League* **Hamburg Dortmund:** 2 zu 1; **Bochum Sankt Pauli:** 6 zu 0; **Duisburg Mönchengladbach:** 4 zu 2; **Bielefeld Rostock:** 1 zu 3; **Schalke Freiburg:** 0 zu 2; **Karlsruhe 1860 München:** 3 zu 0; **Bremen Düsseldorf:** 1 zu 0.

14 ☞ *Who has arrived?* Markus Krischer → Bettina Retzlaff → Georg Walz → Tanja Schidelowskaja.

15 ☞ *Which company names can you hear?* AEG, BMW, VW, DG-Bank, DB.

17 *Competition* Telefonnummer.

21 ☞ *On the Kurfürstendamm*

Name	Geburtsort	Wohnort
Ich heiße . . .	Ich komme aus . . .	Ich wohne . . .
1 Gerd Koch	Bonn	Köln
2 Eva	München	Berlin

Mehr Übungen . . .

1 a) Wie; b) Wo; c) Woher; d) Wie; e) Wie; f) Woher.

2 a) -e, -t; b) -e, -st; c) -e, -en; d) -e, -en; e) -e.

3 a) 2; b) 1; c) 3; d) 2.

4 a) 5; b) 4; c) 1; d) 2; e) 3.

5 a) heißen; b) heiße; c) Ihr; d) Mein; e) Wie; f) Ich.

6 Emma Klein, Martin Schwarz, Sander Schmidt.

Lektion zwei   Sprechen Sie Deutsch?

3 ▱ *In the café* e), c), b).

4 *How are these people? Sample answers (others are possible):*
   a) Wie geht's dir? – Mir geht's gut, danke.
   b) Wie geht es Ihnen? – Mir geht's nicht gut.
   c) Wie geht es Ihnen? – Danke, ausgezeichnet.
   d) Wie geht es Ihnen? – Ach, es geht.
   e) Wie geht's dir? – Mir geht's wirklich schlecht.

6 *Word search* dir, ihnen, geht, es, prima, ausgezeichnet, wirklich, zwei, heute, er, ganz, sie, er, nicht, danke, sehr, gut: *others you might not have found are* im *(in the),* Tee *(tea),* Tod *(death).*

8 *How good is your geography?* a) Richtig; b) Falsch – Heidelberg liegt nicht in Österreich, sondern in Deutschland. c) Falsch – Köln ist nicht in Belgien, sondern in Deutschland. d) Falsch – Salzburg liegt nicht in Deutschland, sondern in Österreich. e) Richtig.

9 ▱ *The countries of Europe* The first syllable is the one most often stressed. Exceptions: Großbritannien, Italien, die Turkei.

11 *What letters are missing?* 1 D; 2 E; 3 T; 4 I; 5 H; 6 H; 7 B; 8 T; 9 A; 10 N; 11 W. *New word =* **Postleitzahl** *(postcode).*

12 ▱ *38 =* achtunddreißig, *42 =* zweiundvierzig, *63 =* dreiundsechzig, *81 =* einundachtzig, *99 =* neunundneunzig.

13 ▱ *The national lottery numbers* Winning numbers
   Lotto: 4, 7, 25, 27, 32, 36, Bonus number 8.
   Spiel 77:   0 3 8 8 6 3 0.
   Super 6:   3 8 3 7 1 8.

15 ▱ *Calling directory enquiries* a) Schulz 040–30 07 51;
   b) Marhenke 040–73 45 92; c) Maier 030–2 79 50 09;
   d) Ötken 040–65 28 74.

17 Ein Abendkurs 1f; 2r; 3f; 4r; 5r; 6r; 7r; 8r.

18 *Who is that?* a) Leni Hochstädter; b) Mehmet Gunesay;
c) Gerhard Langer; d) Leni Hochstädter; e) Susi Renger;
f) Mehmet Gunesay; g) Gerhard Langer.

19 🖭 *What is wrong here?*

Name	Gerhard Langer	Richtig
Staatsangehörigkeit	Deutscher	Richtig
Geburtsort	Dresden	Falsch – Leipzig
Wohnort	Köln	Falsch – Hamburg
Sprachen	Französisch	Falsch – Russisch
Familienstand	ledig	Falsch – verheiratet
Arbeit?	ja, in Aachen	Falsch – Er ist pensioniert.

22 *In the hotel. Sample answers:*
Guten Tag! Mein Name ist . . . . / Nein, ich bin . . . . Sind Sie
Deutsche? / Ich wohne in . . . . Und Sie? Wo wohnen Sie? /
München ist schön. Sprechen Sie Englisch? / Danke.

Mehr Übungen . . .

1 a) -e, -st; b) -t; c) -st; d) -icht; e) -t; f) -et, -t.

2 a) bin, bist; b) ist, ist; c) bin, sind; d) ist; e) Bist; f) ist.

3 a) Wie heißen Sie? b) Woher kommen Sie? c) Sprechen Sie
Englisch? d) Wie geht es Ihnen? e) Sind Sie Deutsche? f) Sind
Sie verheiratet?

4 a) Nein, ich bin nicht verheiratet.
b) Nein, ich wohne nicht in London.
c Nein, ich wohne nicht in London.
d) Nein; ich heiße nicht Florian Meyer.
e) Nein; das ist nicht Jutta Leinemann.
f) Nein; sie (Sabine) wohnt nicht in Großbritannien.

5 *Sample answers:*
a) Sie heißt Susi Renger und sie ist Deutsche. Sie kommt aus Hamburg. Sie spricht Deutsch und auch ein wenig Französisch. Sie arbeitet in Pinneberg, nicht weit von Hamburg.
b) Er heißt Mehmet Gunesay. Er ist Türke und kommt aus Berlin. Er wohnt jetzt in der Nähe von Hamburg, in Elmshorn. Er spricht Türkisch, Deutsch und ziemlich gut Englisch. Er ist ledig und er studiert in Hamburg.
c) Sie heißt Leni Hochstädter und sie ist Österreicherin. Sie kommt aus Salzburg, wohnt aber jetzt in Norderstedt, in der Nähe von Hamburg. Sie spricht Deutsch und Englisch und sie versteht ein bisschen Spanisch. Sie ist seit zwei Jahren verheiratet und arbeitet zur Zeit in Hamburg.

Lektion drei   Arbeit und Studium

2 *Town maps. The missing buildings in Dittburg for Partner A to find out:*
1 Das ist eine Kneipe. Sie heißt „Bierstübl".
2 Das ist ein Biergarten. Er heißt „Mönchbräu".
3 Das ist eine Kirche. Sie heißt Jakobskirche.
4 Das ist ein Hotel. Es heißt „Bahnhofshotel".
5 Das ist ein Café. Es heißt „Café Krause".
6 Das ist ein Markt. Er heißt Flohmarkt.
The missing buildings in Schönheim for Partner B to find out:
1 Das ist eine Bäckerei. Sie heißt Stadtbäckerei.
2 Das ist ein Café. Es heißt „Café am Marktplaz".
3 Das ist eine Kneipe. Sie hießt „Weinstube".
4 Das ist eine Kirche. Sie heißt Paulskirche.
5 Das ist ein Kino. Es heißt Abaton-Kino.
6 Das ist ein Hotel. Es heißt „Hotel zum Ritter".

3 *Word game* 1 Bäckerei, 2 Bahnhof, 3 Hotel, 4 Kirche, 5 Bier, 6 = Kneipe *(add P)*

4 *A postcard from Munich*
a) Sie ist in München.
b) Die Stadt ist sehr schön.

c) Das Stadtzentrum und der Englische Garten sind besonders schön.
d) Sie Sprachschule heißt Interling.
e) Nein, sie spricht auch viel Deutsch.
f) Das Bier ist auch sehr gut in München.
g) die Woche, das Stadtzentrum, der Garten, die Sprachschule, das Bier.

5 *Which endings?* a) ein Kino; b) D**as** Hotel; c) ein**e** Bäckerei; d) Ihr Vorname; e) d**ie** Bäckerei; f) ein Café.

6 **a** = 6; **b** = 2; **c** = 5; **d** = 7; **e** = 3; **f** = 1; **g** = 4.

7 **Wer ist das?**
   a) Das ist Peter Müller. **Er** ist Taxifahrer.
   b) Das ist Günther Schmidt. **Er** ist Automechaniker.
   c) Das ist Anja Meier. **Sie** ist Sekretärin.
   d) Das ist Max Weber. **Er** ist Tischler.
   e) Das ist Traudl Lustig. **Sie** ist Kellnerin.
   f) Das ist Dagmar Weinmann. **Sie** ist Ärztin.
   g) Das ist Marcel Wagner. **Er** ist Koch.

9 a) Falsch – Renate ist Deutsche. b) Richtig; c) Richtig; d) Falsch – Martina ist Krankenschwester. e) Falsch – Herr Volz ist Mechaniker bei Opel. f) Richtig.

10 ▨ a) Deutscher; b) Engländerin; c) 8 Jahren; d) Tischler.

12 *Anagrams* **a** = Lehrerin; **b** = Maurer; **c** = Journalist; **d** = Sekretärin.

13 ▨ **In der Jugendherberge** *Anita gets to know Karin and Anke* 1 Falsch – Sie kommen aus Gießen. 2 Richtig; 3 Falsch – Sie studiert Romanistik. 4 Richtig; 5 Richtig; 6 Falsch – Sie finden es ein bisschen langweilig.

Anke and Karin get to know Thomas and Peter 1 Richtig; 2 Falsch – Er studiert Chemie. 3 Richtig; 4 Falsch – Sie wohnen in Leipzig. 5 Falsch – Sie haben eine Wohnung im Stadtzentrum.

14 📠 **Was studieren sie?**

Name	Paul	Daniel	Heike	Martina
Wohnort	Bremen	Hamburg	Düsseldorf	Köln
Studienort	Bremen	Bremen	Aachen	Aachen
Studienfach	Germanistik	Anglistik	Informatik	Mathematik

15 Du, Sie oder ihr? a) Woher kommt ihr? b) Woher kommst du?
c) Woher kommen Sie? d) Woher kommt ihr? e) Woher
kommen Sie?

18 Welche Antwort passt? a) 3; b) 2; c) 1; d) 2; e) 3; f) 2.

19 Sagen Sie es anders! a) 3; b) 6; c) 4; d) 8; e) 7; f) 5; g) 2; h) 1.

Mehr Übungen . . .

1 a) das; b) der; c) das; d) die; e) die; f) die.

2 a) Ihr, Mein; b) Ihre, Meine; c) Ihr, Mein; d) Ihre, Meine; e) Ihr,
Mein.

3 a) Er ist Taxifahrer. b) Sie ist Friseuse. c) Er ist Kellner. d) Sie ist
Musikerin. e) Er ist Koch. f) Er ist Tischler. g) Sie ist Ärztin.
h) Sie ist Mechanikerin.

4 a) Kommt; b) **sind**; c) wohnen; d) arbeit**en**; e) Studiert;
f) mach**en**.

5 Hallo . . . , wie **geht's?** Mir geht es **fantastisch**. Ich bin jetzt **eine**
Woche in Berlin. **Die** Stadt ist sehr **schön**, besonders **das**
Zentrum und **der** Tiergarten. Ich gehe jetzt auch in **eine**
Sprachschule. **Die** Sprachschule **heißt** Euro-Müller. Ich **spreche**
viel Deutsch. Was machst du? Bis **bald**.

Lektion vier   Familie und Freizeit

2 **Wie heißen die Verben?** a) arbeiten, spielen; b) trinken;
c) spielen; d) lesen; e) kaufen; f) kochen, machen.

3 *Frau Neumann is very busy.* a) kocht; b) arbeitet; c) kauft;
d) kocht Pasta; e) schreibt eine Postkarte; f) hört Musik; g) lernt
Englisch; h) trinkt Bier.

4 🖼 **Was machen die Leute?**
 a) Die Leute spielen Tennis.
 b) Die Leute trinken.
 c) Die Leute spielen Fußball.
 d) Die Leute spielen Karten.
 e) Die Leute essen.
 f) Die Leute schwimmen.
 g) Die Leute kochen.

5 *Practise verb endings and irregular verbs* a) spricht; b) Kochen;
c) Trinkt; d) Arbeitest; e) liest; f) **isst**.

6 🖼 **Was waren die Hobbys?**

Lesen	✓	Kino	✓	Segeln	✗
Surfen	✗	Garten	✓	Sport	✓
Fotografieren	✓	Computer	✗	Wandern	✓
Reisen	✓	Tennis	✓	Joggen	✓
Schwimmen	✓	Jazz	✓	Golf	✓
Popmusik	✓	Klassische Musik	✓	Fitness	✓
Fußball	✗	Fallschirmspringen	✗	Rockmusik	✓

9 *We are looking for pen-friends* a) Falsch – Er hasst deutsche Musik.
Er hört gern Rockmusik. b) Falsch – Sie ist Rentnerin. c) Richtig;
d) Richtig; e) Falsch – Er findet Computer doof. Er arbeitet nicht
gern mit Computern. f) Richtig.

11 *A family is introduced!* Großmutter, Mann, Vater, Frau, Kinder,
Schwester, Tochter, Bruder.

12 *A family tree*

Großvater	=	**Großmutter**	
Name:	Adalbert	Name:	Helene
Alter:	84	Alter:	82
Beruf:	Bankkaufmann	Beruf:	Hausfrau

Vater	=	**Mutter**	
Name:	Georg	Name:	Anne
Alter:	55	Alter:	52
Beruf:	Ingenieur	Beruf:	arbeitet in einem Fotoladen

Sohn	=	**Schwiegertochter**	**Tochter**	
Name:	Axel	Name:	Nicole	Name: Annett
Beruf:	Bankkaufmann	Beruf:	?	Beruf: Studentin

Enkelkinder

Name:	Nadine	Name:	Florian
Alter:	4	Alter:	2

Haustiere:

Katze:	Muschi	Hund:	Harro

13 Ihr, ihre, sein, seine? a) seine; b) ihr; c) seine; d) ihre; e) ihr;
f) Seine.

14 Wer ist wer?
   ¹TOCHTER
   ²VATER
   ³SOHN
   ⁴MUTTER
   ⁵BRUDER
   ⁶TANTE

16 Haben Sie Geschwister?
   a) Sie hat einen Bruder und zwei Schwestern.
   b) Sie sind Ärztin und Lehrerin.
   c) Sie wohnt in Berlin.
   d) Er wohnt in Hamburg und ist Koch.
   e) Er hat drei Enkelkinder – zwei Enkeltöchter und einen
      Enkelsohn.

17 ✉ **Welche Antwort passt?** a) 2; b) 3; c) 2; d) 1 **Kiosk** is
masculine: der Kiosk (-e).

Mehr Übungen . . .

1 a) Isst; b) ist; c) Sprichst; d) spielt; e) Sprecht; f) fotografiere;
g) liest; h) sind.

2 a) Tanten; b) Sohn; c) Bruder; d) Nichte; e) Schwestern; f) Väter;
g) Kind; h) Opa.

3 a) 2; b) 1; c) 3; d) 2.

4
a) Sein Name ist Thorsten Schmidt. Er wohnt in Berlin und ist 34
Jahre alt. Seine Hobbys sind Fußball und Musik. Er hört sehr
gern Rockmusik, aber er hasst deutsche Musik. Er spricht
Französisch und ein bisschen Englisch und er sucht eine
Brieffreundin oder einen Brieffreund in Großbritannien oder
Irland.
b) Sie heißt Louise Rotherbaum und ist jetzt Rentnerin. Sie war
Geschichtslehrerin. Sie wohnt in Berlin und hat dort ein kleines
Haus. Sie trinkt sehr gerne englischen Tee und sie liest viel über
das englische Königshaus. Sie liebt englische Marmelade. Sie
sucht eine Brieffreundin aus England, die ein bisschen Deutsch
kann.
c) Michael kommt aus Köln und sucht Brieffreundinnen und -
freunde aus der ganzen Welt. Seine Hobbys sind: Tennis, Surfen,
Politik und Ökologie. Er liest gern Krimis und spielt Gitarre.
d) Ihr Name ist Petra Baumgartl. Sie kommt aus München und ist
Sekretärin. Sie kocht sehr gern (Pasta) und hat auch ein
Motorrad (BMW). Sie spricht Französisch, Italienisch und
Englisch und reist gern. Außerdem tanzt sie sehr gut.

5 *(Here are some possible answers; try to give a bit more than just the*
basic information.)
a) Ja, ich habe ein Hobby. Ja, ich habe viele Hobbys. Nein, ich
habe kein Hobby.
b) Ja, ich höre gern klassische Musik. Nein, ich höre nicht gern
klassische Musik.

c) Ja, ich höre gern Punk-Musik. Nein, ich höre nicht gern
   Punk-Musik.
d) Ja, ich arbeite gern im Garten. Nein, ich arbeite nicht gern
   im Garten.
e) Ja, ich trinke gern Rotwein. Nein, ich trinke nicht gern
   Rotwein.
f) Ja, ich wandere gern. Nein, ich wandere nicht gern.
g) Ja, ich lese gern. Nein, ich lese nicht gern.

6 Lieber Michel, unsere Familie ist sehr groß: Ich habe noch **zwei**
   Schwestern, aber **keinen** Bruder. Das ist sehr gut! Meine
   Schwester Steffi **studiert**, Sandy ist Sekretärin und hat **eine**
   Tochter und **einen** Sohn. **Mein** Vater heißt Otto und ist
   Architekt. Er ist OK, aber **meine** Mutter ist super, sie ist sehr
   modern und **hört** gern Rockmusik. Ich habe auch noch zwei
   Omas un zwei Opas. **Mein** Opa Georg ist interessant: Er war
   Boxer. Außerdem habe ich noch drei **Tanten** und zwei Onkel.
   Na ja, und **einen** Neffen: Boris, zwei Jahre alt. Und natürlich
   unsere Katzen: Cleopatra und Caesar. Wie ist deine Familie? Bis
   bald. Dein Marcus.

Lektion fünf   Essen und Einkaufen

2 **Hören Sie zu!** Map 1 – Dialogue b; Map 2 – Dialogue c; Map 3 –
   Dialogue a.

3 *Fill in the missing words* **a** der Nähe eine; **b** es hier in der Nähe
   ein Café; **c** hier in der Nähe einen; **d** Gibt es hier in der Nähe
   einen.

4 **Wohin gehen die Leute?** a) ein Restaurant; b) ein Kino;
   c) einen Supermarkt.

5 **Was sagen Sie?**
   a) Gehen Sie geradeaus und dann rechts in die Hauptstraße.
      Dort finden Sie rechts eine Post.
   b) Gehen Sie geradeaus und dann rechts in die Hauptstraße.
      Dort finden Sie links ein Café.
   c) Nehmen Sie die erste Straße rechts. Gehen Sie geradeaus und
      dann wieder rechts. Dort finden Sie links einen Park.

8 Richtig oder Falsch? a) Richtig; b) Falsch – Er möchte ein Bier;
c) Richtig; d) Richtig; e) Falsch – Sie bestellt ein Mineralwasser
und einen Kaffee; f) Richtig; g) Falsch – Er bekommt einen
Orangensaft; h) Richtig.

9 *What else can you say?* a) bekommen, möchten; b) bekomme,
trinke.

10 Der, die oder das? c) das; d) das; e) der; g) der.

12 Ergänzen Sie die Dialoge *There are several possibilities. Here is
just one:*

Kellner	Was **bekommen** Sie, bitte?
Frau	Ich **nehme** einen Kaffee.
Kellner	Einen Kaffee, und was **möchten** Sie?
Herr	Also, ich **möchte** ein Wasser.
Kellner	Und was **nehmen** Sie?
Frau 2	Ich **nehme** einen Orangensaft.

Kellner	Was **nehmen** Sie?
Herr	Ich **nehme** ein Mineralwasser.
Kellner	Und Sie? Was **bekommen** Sie?
Herr 2	Ich **bekomme** einen Tomatensaft mit einem Schuss Wodka.
Frau	Und ich **trinke** eine Tasse Tee.

13 Wer bekommt was? a) f; b) r; c) f; d) f.

15 ▭ Welche Antwort stimmt? a) 1; b) 1; c) 2; d) 1; e) 2.

17 Was gehört zusammen? a) 7; b) 1; c) 8; d) 3; e) 2; f) 6; g) 5; h) 4.

19 Wie heißt das? ii) die Tüte; iii) die Packung; iv) die Flasche.

20 Finden Sie die richtigen Paare a) 2; b) 1; c) 5; d) 4; e) 3.

21 Verschiedene Geschäfte (*These are just some of the possibilities:*)
a) Gemüse und Käse; b) Fleisch; c) Bier, Wein und Orangensaft;
d) und Zucker.

24 Im Laden a) Sie kauft zehn Brötchen b) 100 Gramm Tomaten
kosten 2,80 DM c) Sie kauft einen Riesling d) Sie nimmt zwei
Flaschen.

25 Was sagt der Kunde? a) Guten Tag. Haben Sie Eier? b) 12 Stück, bitte. c) Was kostet der Sekt? d) Dann nehme ich zwei Flaschen, bitte. e) Ja, das ist alles. f) Bitte schön.

27 Frage der Woche
   a) Er geht meistens einmal pro Woche ins Restaurant.
   b) Er geht gern im Sommer in den Biergarten. Er geht jeden Tag in den Park.
   c) Er geht jeden Tag in den . . .
   d) Sie geht eigentlich lieber ins Café.
   e) Die Kinder essen gern Eis.
   f) Sie geht oft ins Kino und in die Disco. Sie findet Tom Cruise sehr attraktiv.

28 Ergänzen Sie bitte a) ins Restaurant; b) in die Oper; c) ins Café; d) in die Kneipe; e) ins Kino.

Mehr Übungen . . .

1   a) einen; b) ein; c) einen, eine; c) keinen, keinen; e) eine; f) ein.

2   a) ins; b) in die; c) ins; d) ins; e) in den.

3   a) Äpfel; b) Brötchen; c) Würste; d) Flaschen; e) Kartoffel; f) Kännchen; g) Gläser; h) Partys.

4   a) Geh geradeaus!; b) Esst kein Fleisch!; c) Hören Sie zu!; d) Komm!; e) Spielt!

Lektion sechs   Uhrzeiten und Verabredungen

1   **Die Wochentage:** Sonntag, Montag, Dienstag, Mittwoch, Donnerstag, Freitag, Samstag / Sonnabend.
2   **Im Hotel** a) f; b) r; c) f; d) r.

4 🔊 **Haben Sie ein Zimmer frei?**

	Dialog 1 Herr Muth	Dialog 2 Frau Pestalozzi	Dialog 3 Frau Rene
Zimmer	ein Einzelzimmer	ein Doppelzimmer	zwei Doppelzimmer
Personen	eine	eine	vier
Bad / Dusche	Bad	Dusche	Bad / Dusche
Nächte	vier	eine	fünf
Tage	Dienstag bis Freitag		Sonntag bis Donnerstag
Zimmernummer	263	27	13 und 34
Preis	74 Mark	220 Mark	210 Mark

5 Was sagt der Gast? . . . Sie ein Zimmer frei?; Ein Doppelzimmer, bitte.; Für drei Nächte; Mit Bad, bitte.; Um wie viel Uhr gibt es Frühstück?

7 Pension Ingrid a) False – 100 metres from the beach; b) True; c) True; d) True.

10 Wie spät ist es? e, d, f, b, a, c. Note: the watch in picture c should show 8.05 not 8:45.

11 🔊 **Schreiben Sie bitte die Uhrzeiten** a) 2:15, b) kurz vor 6:30, c) 7:40, d) 8:50, e) 4:30, f) 8:05.

12 Mehr Uhrzeiten Es ist . . .
a) . . . viertel nach zwei. / . . . zwei Uhr fünfzehn.
b) . . . viertel vor sechs. / . . . fünf Uhr fünfundvierzig.
c) . . . zehn Minuten nach sechs. / . . . sechs Uhr zehn.
d) . . . eine Minute vor sechs. / . . . fünf Uhr neunundfünfzig.
e) . . . halb vier. / . . . drei Uhr dreißig.
f) . . . zehn vor neun. / . . . acht Uhr fünfzig.
g) . . . halb drei. / . . . zwei Uhr dreißig.
h) . . . zweiundzwanzig Minuten nach zehn. / . . . zehn Uhr zweiundzwanzig.

14 Die 24-Stunden-Uhr a) f; b) f; c) r; d) f.

15 Üben Sie: morgens, mittags und abends Es ist: a) ein Uhr
mittags; b) vier Uhr nachmittags; c) acht Uhr abends; d) elf Uhr
abends; e) neun Uhr morgens; f) sechs Uhr morgens; g) drei Uhr
nachmittags; h) drei Uhr morgens.

16 Üben Sie: die 24-Stunden-Uhr Es ist: a) dreizehn Uhr;
b) fünfzehn Uhr zwanzig; c) sieben Uhr fünfundvierzig;
d) achtzehn Uhr zwölf; e) dreiundzwanzig Uhr fünfunddreißig;
f) vier Uhr siebzehn; g) zwölf Uhr fünf; h) null Uhr vierundfünfzig.

17 ▣ Radio- und Fernsehprogramme a) 20:00; b) 14:03;
c) 13:00; d) 07:57; e) 15:44; f) 17:03.

19 *Separate verbs* a) steht auf. b) sieht fern. c) fängt ... an. d) kauft
ein.

20 ▣ Was macht Herr Fablione?
a) Er steht normalerweise gegen halb 7 Uhr auf.
b) Seine Arbeit fängt um 8 Uhr an.
c) Feierabend hat er gegen 4 Uhr.
d) Mit seinen Kindern geht er manchmal in den Park und
manchmal in den Zoo.
e) Nein, er sieht nicht viel fern.
f) Sie gehen ein- oder zweimal in der Woche aus.
g) Er geht normalerweise um halb 12 ins Bett.
h) Herr Fablione ist Automechaniker. Er kauft morgens frische
Brötchen und frühstückt mit seiner Frau und den Kindern, usw.

25 Richtig oder Falsch? a) Richtig; b) Falsch – Bayern ist der
Favorit; c) Falsch – Man kann ein Stück von Shakespeare sehen;
d) Richtig.

26 Am Sonntag in Hannover
a) Man kann eine Fahrrad-Tour machen.
b) Mann kann ein Theaterstück für Kinder und Erwachsene
(,,*Die Abenteuer von Aladin*'') sehen.
c) Anschließend kann man spielen, Eis oder Bratwurst essen
und Bier trinken. Man kann auch ins Faust-Theater gehen.
d) Um halb 9 kann man ,,Oldies und Goldies'' hören.
e) Sie können ,,Terminator 6'' sehen.

29 📖

	Was muss er / sie machen?	**Was möchte er / sie machen?**
Person 2	Er muss geschäftlich nach München fahren.	Er möchte in die Oper gehen.
Person 3	Sie muss noch zwei Stunden arbeiten.	Sie möchte gern in den Park gehen und lesen.
Person 4	Er muss jeden Tag eine halbe Stunde laufen.	Er möchte lieber eine Pause machen und einen Hamburger essen und eine Cola trinken.

30 📖 **Kommst du mit ins Kino?** a) 1; b) 2; c) 1; d) 2.

31 Kommst du mit essen? *(There are other possibilities, too.)*
Hallo, Jutta. Mir geht's gut. Und dir? / Ja, gerne. Wann denn? / Tut mir Leid. Dienstagabend kann ich nicht. Da muss ich arbeiten. / Tut mir Leid. Am Freitag gehe ich ins Theater. Geht es Samstagabend? / Wann treffen wir uns? / Sehr gut. Tschüs bis Samstagabend.

Mehr Übungen . . .

1 Um 6·30 Uhr steht er auf. Danach fährt er um 7:00 Uhr zur Arbeit. Dann ruft er um 9 Uhr Frau Gerhard an. Um 12:30 Uhr geht er zur Bank und um 17:00 Uhr geht er einkaufen. Um 19:00 Uhr geht er mit Bernd, Helga und Ulrike in die Kneipe. Danach sieht er um 22:00 Uhr fern.

2
a) Um wie viel Uhr gibt es Frühstück?
b) Ich möchte ein Zimmer mit Bad und Dusche.
c) Er kann sehr gut Tango tanzen.
d) Was kann man in London machen?
e) Ich möchte am Dienstag essen gehen.
f) Frau Johnson kann sehr gut Deutsch sprechen.
g) Herr Krause muss heute bis 8:00 Uhr arbeiten.
h) Frau Dr Schmidt muss am Montag nach New York fliegen.

3 *(There are other possibilities too:)*
… Am Montag muss ich 500 irreguläre Verben für meine Englisch-Prüfung lernen. Am Dienstagabend muss ich bis Mitternacht arbeiten. Am Mittwoch muss ich geschäftlich nach Köln fahren. Am Donnerstag muss ich mit Petra in die Kneipe gehen. Am Freitagnachmittag muss ich meiner Frau bei der Garten-Arbeit helfen. Am Samstagmorgen muss ich einkaufen.

4 *(This is just one of many possibilities:)*
Liebe Angelika, lieber Peter,
wie geht's? Ihr kommt nächstes Wochenende? Das ist fantastisch. Hier in **Bremen** kann man sehr viel machen.
Am Samstagmorgen können wir **auf den Flohmarkt gehen.**
Am Sonntag kann man **eine Stadtführung durch die historische Altstadt machen.**
Bis Samstag. Viele Grüße
Peter

Test your German

1 a) Mein Name ist … / Ich heisse … – Ich komme aus …
b) i) Wie ist Ihr Name? / Wie heissen Sie? ii) Wie ist dein Name? / Wie heisst du? c) Meine Telefonnummer ist … d) i) Was sind Sie von Beruf? ii) Was bist du von Beruf? e) Ich bin … von Beruf – Ich bin Student / Studentin – Ich bin arbeitslos. f) Ich bin verheiratet / ledig.

2 a) -e; b) -t; c) -en; d) -st; e) -t; f) -en.

3 a) Woher; b) Wie; c) Wo; d) Was; e) Wie; f) Wer.

4 b) Französin, Französisch; c) Italien, Italiener, Italienisch; d) Engländer, Engländerin, Englisch; e) Spanien, Spanierin, Spanisch; f) Ire.

5 eine Schwester; einen Bruder; Mein Bruder; meine Schwester; einen Hund; Meine Hobbies; Deine Petra.

6 a) Welche Hobbys haben Sie? b) *(One possible answer)* Ich schwimme gern und gehe gern ins Kino, aber ich trinke nicht gern Bier und gehe nicht gern in die Disco. c) Gibt es hier in der

Nähe ein Café? d) Ich möchte ein Glas Tee, bitte. e) Ich bekomme / Ich möchte einen Cappuccino, ein Mineralwasser und zwei Bier, bitte. f) Und wie viel kostet das? g) Wie spät ist es? / Wie viel Uhr ist es? – Es ist . . .; h) Haben Sie ein Einzelzimmer für zwei Nächte?

7 a) Sie kann sehr gut Mambo tanzen. b) Ich möchte am Donnerstag essen gehen. c) Können Sie Englisch sprechen? d) Heute abend muss ich für ein Examen lernen. / Ich muss heute abend für ein Examen lernen.

8 a) Ich stehe normalerweise um . . . Uhr auf. b) Meine Arbeit / Mein Studium fängt um . . . Uhr an. c) Ich sehe abends oft / viel fern / Ich sehe abends nicht oft / viel fern. d) *(One possible answer)* Ich gehe lieber in die Kneipe als ins Museum. e) *(One possible answer)* Ja, man kann sehr viel machen. Man kann zum Beispiel sehr gut essen gehen, man kann ins Kino gehen . . .

Lektion sieben   Alltag in der Stadt

1 *Match the shop names to the photos* **a** = 3; **b** = 1; **c** = 4; **d** = 5; **e** = 7; **f** = 2; **g** = 6.

2 **Was kann man in diesen Geschäften kaufen?** a) 2; b) 6; c) 1; d) 7; e) 8; f) 4; g) 5; h) 3.

3 **Herr Fuhrmann ist im Stress**
a) Die Filme können Sie im Fotogeschäft / in der Drogerie kaufen.
b) Geld können Sie auf der Bank wechseln.
c) Die Tickets können Sie aus dem Reisebüro abholen.
d) Ein Buch über Schottland bekommen Sie in der Buchhandlung.
e) Die neue CD von Pavarotti können Sie im Kaufhaus bekommen.
f) Aspirin und Shampoo können Sie in der Apotheke besorgen.
g) Ein kleines Radio bekommen Sie im Elektroladen.
h) Einen Regenschirm können Sie im Kaufhaus bekommen.

4   ✉ **Herr Fuhrmann kauft ein.**

WO IST ER?	WAS KAUFT / BEKOMMT ER?
2 Er ist in der Buchhandlung.	Er kauft zwei Reiseführer über Schottland.
3 Er ist im Elektroladen.	Er kauft nichts.
4 Er ist im Kaufhaus.	Er kauft zwei CDs.
5 Er ist im Reisebüro.	Er holt seine Tickets ab.
6 Er ist wieder im Kaufhaus.	Er kauft keinen Regenschirm. Er hat keine Zeit.

5   **Wohin geht Herr Fuhrmann?** *Zuerst geht er ins Fotogeschäft und kauft drei Filme. Dann geht er* in die Buchhandlung und kauft zwei Reiseführer über Schottland. Danach geht er in den Elektroladen, aber er kauft kein Radio. Die Radios sind zu teuer. Anschließend geht er ins Kaufhaus und kauft zwei CDs. Später geht er ins Reisebüro und holt seine Tickets ab. Zum Schluss geht er wieder ins Kaufhaus, aber er kauft keinen Regenschirm: er hat keine Zeit.

6   *More consumer goods* a) der Fernseher – im Elektroladen / im Kaufhaus; der Pullover – im Kaufhaus; das Parfum – in der Drogerie; das Aspirin – in der Apotheke; die CD – im Kaufhaus; der Reiseführer – in der Buchhandlung; die Waschmaschine – im Elektroladen; die Hautcreme – in der Drogerie / in der Apotheke.

7   **Was ist das?** a) Zahnpasta; b) Shampoo; c) Regenschirm; d) Apotheke; e) Bank; f) Uhr.

8   **Was macht Herr Ihßen um diese Uhrzeiten? a** Er steht auf. Er ist müde, etc.; **b** Er frühstückt und liest die Zeitung, etc.; **c** Er arbeitet im Studio, etc.; **d** Er trinkt einen Kaffee, etc.; **e** Er telefoniert, etc.; **f** Er kauft ein, etc.; **g** Er trifft einen Freund, etc.; **h** Er sieht fern, etc.

9   **Richtig oder falsch?** a) Falsch; b) Richtig; c) Falsch; d) Falsch; e) Richtig; f) Richtig; g) Falsch.

10 Wie heißt es richtig?
WOHIN? a) in die; b) in den; c) auf den; d) in die. **WO?**
a) in der; b) im; c) auf dem; d) in der.

11 Ein kurzes Porträt: Jörg Ihßen
   a) Er ist Journalist.
   b) Er arbeitet bei Novo-Film. Novo Film ist eine
      Produktionsfirma.
   c) Er schreibt Texte, telefoniert, schneidet Filme und bereitet
      Interviews vor.
   d) Meistens isst er in der Markthalle.
   e) Meistens kauft er im Supermarkt ein. Am Wochenende geht
      er aber auch oft auf den Markt.
   f) Sie gehen in die Kneipe.
   g) Er findet seinen Beruf interessant, aber auch anstrengend.

12 Was passt zusammen? a) am Computer – schreiben / arbeiten;
b) in der Kneipe – trinken / essen; c) im Restaurant – trinken /
essen; d) eine Mittagspause – machen; e) einen Freund – treffen
/ sehen; f) eine Rechnung – bezahlen / schreiben; g) die
Nachrichten – sehen.

13 ▱ Welche Antwort ist richtig? a) in Jena; b) ganz in der Nähe
vom Zentrum; c) in der Bibliothek; d) in der Mensa; e) in einem
kleinen Laden; f) ins Kino; g) in die Disco.

18 ▱ Welche Person . . . ? 1 = c; 2 = a; 3 = d; 4 = b

19 Richtig oder falsch? a) Falsch; b) Richtig; c) Richtig; d) Falsch;
e) Richtig; f) Richtig.

20 Was fragen die Leute? a zum; b zur; c vom zum; d zum.

22 Zur oder zum?

Wie komme ich	zur zum	Gedächtniskirche Stadtbäckerei Bundesstraße Flughafen Bahnhof Café Mozart Fußballstadion	**?**

24 Ordnen sie bitte zu

AUTO	BUS / BAHN
Parkprobleme	Bahnhof
Führerschein	Wochenkarte
Parkschein	Einzelfahrschein
Autobahn	gut für die Umwelt
nicht gut für die Umwelt	Tageskarte
	umsteigen
	Monatskarte

Mehr Übungen . . .

1   a) 2; b) 1; c) 2; d) 3.

2   a) ins, im; b) in die, in der; c) in die, in der; d) in den, im; e) ins, im.

3   a) dem, zur; b) der, zur; c) dem; d) dem; e) der.

4   *Von seinem Haus bis zur Bushaltestelle geht Florian zu Fuß. Dann fährt er* mit dem Bus zum Bahnhof. Vom Bahnhof fährt er mit der U-Bahn ins Stadtzentrum. Vom Stadtzentrum geht er dann zu Fuß ins Büro.

Lektion acht   Was haben sie gemacht?

2   **Wie heißen die Partizipien?** a) getanzt; b) gemacht; c) gefrühstückt; d) gekostet; e) gekocht; g) bezahlt; h) besucht.

3   **Welches Wort passt?** a) gekostet; b) getanzt; c) besucht; d) eingekauft; e) bezahlt.

4   **Was passt zusammen?** a) 4; b) 5; c) 6; d) 1; e) 2; f) 3.

5 🖭

	ULRIKE	ANGELA
Am Morgen	Sie war in der Stadt und hat eingekauft.	Sie hat einen neuen Computer gekauft.
Am Nachmittag	Sie hat Britta und Georg besucht.	Sie hat mit dem Computer gespielt.
Am Abend	Sie hat bis drei Uhr nachts getanzt.	Sie hat gekocht und klassische Musik gehört.

a) Sie war in der Stadt.
b) Ein DJ aus New York.
c) 1800, - DM.
d) Sie haben klassische Musik gehört.

6 Am Samstagmorgen war Ulrike in der Stadt und hat eingekauft. Danach hat sie Britta und Georg besucht. Am Abend war sie dann in der ,,Mondschein-Bar" und sie hat bis drei Uhr getanzt. Sie hat viel Spaß gehabt.

Angela hat am Morgen einen neuen Computer gekauft. Anschließend hat sie den ganzen Tag mit dem Computer gespielt. Sie hat 1 800,- DM für den Computer bezahlt. Am Abend hat sie mit Bernd gekocht und sie haben klassische Musik gehört.

7 **Partner A** *(Answers from Partner B.)*

	Samstag	Sonntag
Am Morgen	Er / sie hat Milch, Brötchen, Butter und Sekt gekauft. Um zehn Uhr hat er / sie mit Gisela gefrühstückt.	Er / sie hat für ein Examen gelernt. Um zwölf Uhr hat er / sie Mittagessen gekocht.
Am Nachmittag	Er / sie hat einen Spaziergang im Stadtpark gemacht und fotografiert.	Er / sie hat mit Jürgen Tennis gespielt.
Am Abend.	Er / sie hat bis 22 Uhr im Star-Club getanzt.	Er / sie hat einen Sendung über Deutschland im Radio gehört.

Partner B *(Answers from Partner A.)*

	Samstag	Sonntag
Am Morgen	Er / sie hat Getränke, Obst und Gemüse eingekauft und Fotos abgeholt.	Er / sie hat einen Ausflug an die Ostee gemacht.
Am Nachmittag.	Er / sie hat Georg im Krankenhaus besucht.	Er / sie hat im Garten gearbeitet.
Am Abend.	Er / sie hat Besuch von Pia und Manne gehabt und Nudeln gekocht.	Er / sie hat mit Christina telefoniert und für das Deutsch-Examen gelernt.

8 **Auf dem Flohmarkt**
  a) Sie sagen, er hat eine fantastische Stimme.
  b) Herr Günther fährt dieses Jahr nach Südamerika. Er reist gern.
  c) Annett hat ein neues Hemd gekauft. Das Hemd hat 15,- DM gekostet.
  d) Er kann morgens schlecht aufstehen.

9 **Ergänzen Sie** a) fantastische; b) interessantes; c) tolle; d) alten, mechanischen.

10 **Kombinieren Sie bitte** *(Possible answers.)*

  Mick Jagger hat eine alte / gute / interessante / schlechte / langweilige / interessante Stimme.

  Angela hat einen alten / guten / schlechten / neuen / billigen / fantastischen Computer gekauft.

  Herr Günther hat ein altes / gutes / interessantes / schlechtes / langweiliges / neues / billiges / fantastisches Buch gekauft.

  Man kann alte / gute / interessante / schlechte / langweilige / neue / billige / fantastische Sachen auf dem Flohmarkt finden.

11 **Wie heißt das Gegenteil?** a) groß; b) teuer; c) langweilig; d) neu; e) arm; f) schwer; g) altmodisch.

15 **Was fehlt?** a) bin; b) hat; c) Haben; d) ist; e) Bist; f) hat; g) habe; h) habe.

16 Eine anstrengende Woche
  a) Er ist nach New York geflogen.
  b) Auf einer Party hat er Kaviar gegessen und Champagner getrunken.
  c) Er hat Robert de Niro getroffen.
  d) In Florida ist er im Pazifik geschwommen.
  e) Er hat neue italienische Anzüge gekauft.
  f) Am Freitag ist er ins Kasino gegangen.
  g) Am Wochenende ist er Ski gelaufen.
  h) Sein neues Lied heißt: „Ich kann dich nicht vergessen".

17 Wie heißt es richtig? a) getrunken; b) treffen; c) gegessen; d) gesprochen; e) gegangen; f) gefahren; g) fliegen; h) bleiben.

18 ▭ Mehr über Peter Wichtig . . .

Wie lange macht er Musik?	Wer schreibt seine Songs?
Seit zehn Jahren genau.	Er komponiert die Musik selber und schreibt auch die Texte.
Was war sein erster Hit?	**Was macht er in seiner Freizeit?**
Um acht Uhr aus dem Bett, das finde ich nicht nett.	Im Winter fährt er gern Ski. Im Sommer surft er, spielt Tennis oder spielt Golf. Er geht auch auf viele Partys und sieht viele Freunde.
Wie viele CDs hat er gemacht? Insgesamt zehn.	

22 ▭ Klassentreffen

	HAARE	TRINKEN	MUSIK	FREIZEIT
Bernd	lange Haare gehabt	hat viel Cognac getrunken	hat Elvis Presley gehört	hat in einer Band gespielt
Dieter	lange Haare gehabt	hat Rum und Cola getrunken	hat viel Eric Clapton gehört	hat viel Fußball gespielt

Und heute?

	HAARE	TRINKEN	MUSIK	FREIZEIT
Bernd	hat immer noch lange Haare	trinkt Mineralwasser, Tee, etc.	hört viel Jazz-Musik	reist viel geht in Jazz-Konzerte
Dieter	hat keine Haare mehr	trinkt gern französischen Wein	hört klassische Musik	spielt Tennis

BERND: Vor 25 Jahren hat Bernd **lange** Haare gehabt, heute hat er immer noch **lange** Haare. Früher hat er viel Cognac getrunken, aber heute trinkt er nur noch **Mineralwasser, Tee, etc.** Vor 20 Jahren hat er **Elvis Presley** gehört, aber heute hört er **viel Jazz-Musik.** Früher hat er in einer Band gespielt und heute **reist er viel oder geht in Konzerte.**

DIETER: Vor 25 Jahren hat Dieter lange Haare gehabt, aber heute er keine Haare (mehr). Früher hat er Rum und Cola getrunken, aber heute trinkt er französischen Wein. Vor 25 Jahren hat er viel Eric Clapton gehört, aber heute hört er klassische Musik. Früher hat er viel Fußball gespielt, heute spielt er Tennis.

Mehr Übungen ...

1 a) geflogen; b) besucht; c) abgeholt; d) gegangen; e) gesehen; f) geschlafen.

2 a) sind; b) haben; c) haben; d) haben; e) sind; f) haben.

3 a) Um 10 Uhr hat sie mit Frau Martini telefoniert.
   b) Danach hat sie die Firma Schmidt + Consultants besucht.
   c) Um 12 Uhr 45 hat sie einen Arbeitslunch mit Frau Dr. Kruse gehabt.
   d) Am Nachmittag hat sie Briefe diktiert und Tickets für die Reise nach Rom gebucht.
   e) Um 17 Uhr hat sie ihren Mantel von der Reinigung geholt.
   f) Um 18 Uhr 30 hat sie mit Michael Squash gespielt.

Lektion neun   Ich wohne lieber in der Stadt

2

a. 3   b. 4   c. 1   d. 5   e. 2

4 **Was heißt das?** a) das Reihenhaus; d) die Wohnung; e) das Hochhaus; f) das Studentenwohnheim.

5 **Was passt zusammen?** a) groß; b) billig; c) wunderbar; d) hell und ruhig; e) klein; f) zentral.

6 **Adjektivendungen mit dem Akkusativ** a) großen; b) kleines / dunkles; c) wunderbaren; d) helle und ruhige; e) kleine; f) zentral.

7 **Wie heißt es richtig?**
. . . in **einer** Wohngemeinschaft / Wohnung.
. . . in **einem** Hochhaus / Hotel / Reihenhaus / Studentenwohnheim.

9 **Wie heißen die Zimmer?** a) das Schlafzimmer; b) das Kinderzimmer; c) die Küche; d) das Badezimmer; e) das Wohnzimmer; f) der Balkon; g) das Arbeitzimmer / der Arbeitsraum.

The conventional answers are as follows. Perhaps you have other ideas!

Der Tennisschläger kommt in den Kellner.
Der Schrank kommt ins Wohnzimmer.
Das Bett kommt ins Schlafzimmer.
Der Videorecorder kommt ins Wohnzimmer.
Der Küchentisch kommt in die Küche.
Die Pflanze kommt ins Wohnzimmer.
Die Waschmaschine kommt in der Keller.
Das Sofa kommt ins Wohnzimmer.
Der Sessel kommt ins Wohnzimmer.
Der Fernseher kommt ins Wohnzimmer.

Die Teller kommen in die Küche.
Das Bild kommt auch ins Wohnzimmer.
Die CDs kommen auch ins Wohnzimmer.
Das Regal kommt in den Arbeitsraum.
Die Bücher kommen auch in den Arbeitsraum.
Die Pfanne kommt in die Küche.
Der Kühlschrank kommt in die Küche.
Die Gummiente kommt ins Badezimmer.

11 🖭 **Herr und Frau Martinis neue Wohnung:** a) Sie haben fast sechs Monate gesucht. b) Sie haben vier Zimmer, plus Küche und Bad. c) Sie kostet 830,- DM, plus Nebenkosten. d) Sie liegt in der Nähe vom Stadtpark. e) Sie brauchen noch eine neue Waschmaschine und für die Küche ein paar Regale. f) Sie machen nächsten Monat eine Party.

13 VORTEILE (+):
1   Die Wohnung ist sehr groß.
2   Sie haben jetzt mehr Platz.
3   Die Wohnung liegt relativ zentral, in der Nähe vom Stadtpark.
4   Die Umgebung ist ruhig und sehr grün.
5   Die Miete ist nicht so teuer, 830,- DM.
6   Die Verkehrsverbindungen sind sehr gut. . . . etc.

NACHTEILE (−):
1   Biz zum nächsten Supermarkt ist es ein bisschen weit.
2   Die Wohnung hat keine Zentralheizung, sondern nur Nachtspeicheröfen.
3   Der Arbeitsraum ist sehr klein. . . . etc.

14 Sagen Sie es anders a) 3; b) 1; c) 2; d) 3.

16 🖭 **Richtig oder falsch?** a) Richtig; b) Falsch; c) Richtig; d) Falsch; e) Falsch; f) Richtig; g) Richtig; h) Falsch.

18 Leben Sie lieber auf dem Land oder in der Stadt?
  a)   Als kind hat er auf dem Land gelebt.
  b)   Viel zu langweilig.
  c)   Auf dem Land ist es viel grüner, die Luft ist besser, die Leute sind freundlicher.

d) Es ist sehr kosmopolitisch. Die Leute sind offener, und man kann mehr machen. Aber manchmal ist es auch stressiger als auf dem Land.

e) Dort ist es ruhiger und entspannter als in der Stadt.

19 Was passt zusammen? Das Leben auf dem Land ist langweiliger / entspannter / ruhiger als in der Stadt. Das Leben in der Stadt ist interessanter / kosmopolitischer / stressiger als auf dem Land.

20 Welche Stadt ist größer? Here are some possible answers: a) Ich denke, der Rhein ist länger als die Themse. b) Das weiß ich nicht. Keine Ahnung. c) Die Schweiz ist kleiner als Österreich. d) Der Porsche ist (viel) schneller als der Polo. e) Ich finde Kino interessanter als Theater. f) Ich trinke lieber Tee. g) Ich lebe lieber in der Stadt. Ich finde, das Leben dort ist interessanter und bunter.

21 ▨ Richtig oder falsch? a) Falsch; b) Falsch; c) Richtig; d) Falsch; e) Falsch; f) Richtig.

23 Welche Informationen fehlen hier?
OFFENBACH: 110,- DM; 5 Minuten vom Zentrum.
ATLANTA: eine halbe Stunde; mit Swimming-Pool und Park.
SCHNEIDER: 75,- DM

24 Ergänzen Sie a) größten; b) billiger; am billigsten; c) zentraler; am zentralsten; d) ruhiger; am ruhigsten.

25 Hotels in Leipzig
a) Das Treff Hotel. b) Im Hotel Merseburger Hof. c) Im Treff Hotel. d) Das Hotel Merseburger Hof. e) Im Treff Hotel.

Mehr Übungen . . .

1

	KOMPARATIV	SUPERLATIV
a) klein	kleiner	**am kleinsten**
b) **gut**	besser	**am besten**
c) billig	**billiger**	**am billigsten**
d) **hoch**	höher	am höchsten
e) weit	**weiter**	am weitesten
f) **warm**	wärmer	**am wärmsten**

2 a) 4; b) 2; c) 1; d) 4; e) 2; f) 2; g) 2; h) 4.

3 Wir wohnen seit zwei Monaten in **einem** modernen Hochhaus.
Wir haben eine große Wohnung **im** zehnten Stock. Die
Wohnung liegt nicht weit **vom** Stadtpark und es gibt auch einen
guten Supermarkt in **der** Nähe. Die Verkehrsverbindungen sind
sehr gut, denn bis **zur** U-Bahn sind es nur drei Minuten und **im**
Sommer kann ich mit **dem** Fahrrad **zur** Arbeit fahren.

Lektion zehn   Ist Mode wichtig für Sie?

2 Ist Mode wichtig (✓) oder unwichtig (✗)?

Bettina Haferkamp ✗

Johann Kurz ✓

Boris Brecht ✗

Ulrike Maziere ✓

3 Wer sagt das? Wie steht das im Text?
   a) Sie zeigt, was Leute denken und fühlen.
   b) Die Leute sollen immer etwas Neues kaufen.
   c) Schwarze Sachen finde ich am besten.
   d) Ich ziehe nur an, was ich mag.

e) Mode ist ein wichtiger Ausdruck unserer Zeit / Mode
bedeutet viel für mich.

4 Pro Mode und contra Mode? Was sagen die Leute pro Mode
und contra Mode:

pro (+)	contra (−)
Mode ist ein Ausdruck unserer Zeit.	Die Leute sollen immer mehr kaufen.
Sie zeigt, was Leute denken und fühlen.	Modetrends finde ich langweilig.
Mode bedeutet viel für mich.	
Eine modische Frisur, ein modernes Outfit– das ist sehr wichtig für mich.	

5 Üben Sie die Adjektivendungen.
   a) Das war ein langweiliger Film.
   b) Das ist ein starker Kaffee.
   c) Das ist ein interessantes Buch.
   d) Das ist schwieriges Problem.
   e) Das ist ein neuer Computer.
   f) Das sind unfreundliche Leute.

6 ☐ Welche Antworten stimmen?
   a) Sie sagt, Verkäuferin ist ein **interessanter** Beruf.
   b) Sie findet, sie ist **kein modischer** Typ.
   c) Die Töchter von Frau Martens finden die Mode **wichtig**.
   d) Kunden sind **manchmal unfreundlich**.

7 Wer trägt was?
   a) Falsch. Der Mann trägt einen dunkelblauen Anzug und eine
      rote Krawatte.
   b) Richtig. Außerdem trägt er ein weißes Hemd, einen grauen
      Mantel und schwarze Schuhe.
   c) Richtig. Die Frau trägt eine gelbe Bluse und eine
      dunkelbraune Jacke.
   d) Falsch. Außerdem hat sie einen dunkelbraunen Rock, eine
      gelbe Strumpfhose und braune Schuhe an.

e) Richtig. Das Mädchen trägt eine blaue Jeans, ein weißes T-Shirt, eine rote Baseball-Mütze und weiße Turnschuhe.

f) Falsch. Der Junge trägt eine schwarze Jeans, ein grünes T-Shirt, eine gelbe Baseball-Mütze und gelbe Turnschuhe.

9 Wie heißt es richtig?
a) -en, -em, -en.
b) -en, -en.
c) -em, -en, -er, -en, -en, -en.
d) -em, -en, -er, -en, -en, -en.
e) -er, -en.
f) -em, -en, -en, -en.

11 Finden Sie den Dativ! in dieser Woche; in 5 tollen Farben; mit modischem Zipper; im Schritt.

13 Richtig oder Falsch?
a) Falsch. Jutta und Christian machen **jedes Jahr** eine Party.
b) Richtig. Das Motto für die letzte Party war Dracula.
c) Richtig. „Bad taste" heißt auf Deutsch „schlechter Geschmack".
d) Falsch. Die Person, die **am schlechtesten, am häßlichsten** aussieht, bekommt einen Preis.
e) Falsch. Die Gäste bringen etwas zum **Trinken** mit.

15 ☐ Was für Kleidung tragen die Leute?

	bei der Arbeit, an der Uni	zu Hause	was sie gern tragen	was sie nicht gern tragen
Mareike Brauer	eine bequeme Hose, eine Bluse, einen Pulli	eine Hose, oft eine Jeans, T-Shirt, Pullover	bequeme Sachen. Alles, was bequem ist	Röcke
Günther Scholz	einen Anzug, ein weißes Hemd, eine Krawatte	ein sportliches Hemd oder ein Poloshirt	sportliche Kleidung, elegante Kleidung	bunte Kleidung, rote Hemden, Hawaii-Hemden, bunte Hosen, usw
Beate Strittmayer	An der Uni: Jeans oder moderne Hosen, modische T-Shirts. Auf der Arbeit: eine ziemlich schreckliche Uniform		T-Shirts aus Amerika oder London	Alles, was langweilig ist

19 Ihr, ihm oder ihnen? a) ihr; b) ihm; c) ihnen; d) ihr; e) ihnen;
f) ihm.

20 ⊞ Was bringen wir der Familie mit?

Wem?	Was bringen sie mit?	Warum?
Mutter	Sie bringen ihr eine Platte von Frank Sinatra mit.	Sie ist ein großer Fan von Sinatra.
Vater	Sie bringen ihm eine Baseball-Mütze von den New York Dodgers mit.	Er sieht gern Baseball-Spiele im Fernsehen.
Oma	Sie bringen ihr einen neuen Bademantel mit.	Amerikanische Bademäntel sind sehr gut.
Tante Heidi	Sie bringen ihr Turnschuhe von Nike mit.	Nike-Turnschuhe sind in Amerika viel billiger als in Europa.
Onkel Georg	Sie bringen ihm einen U-Bahn-Plan von New York mit.	Er sammelt U-Bahn-Pläne.

21 ⊞ Was sagen sie, was sagen sie nicht?

a) New York ist langweiliger als Wuppertal.   ☒

b) Vati sieht gern Baseball-Spiele im Fersehen.   ☑

c) Oma hat gesagt, sie möchte eine Platte von   ☒
Frank Sinatra.

d) Nike-Turnschuhe sind in Amerika viel teurer   ☒
als in Europa.

e) Onkel Georg sammelt U-Bahn-Fahrkarten.   ☒

f) Vergiß nicht die Einkaufsliste mitzubringen!   ☒

23 Was passt zusammen? a) 4; b) 1; c) 8; d) 6; e) 7; f) 5; g) 2; h) 3.

24 ✉ In der Parfümerie
   a) Seiner Frau möchte er ein schönes Parfüm schenken.
   b) 280,- DM und 320,- DM.
   c) Nein, beide gefallen ihm nicht.
   d) „Da müssen Sie ins Kaufhaus gehen."

25 Was stimmt hier nicht?
   a) Herr Kern möchte seiner **Frau** ein Parfum schenken.
   b) Die Verkäuferin empfiehlt ihm „Ägyptischer Mond" und „Parfum **Lola**".
   c) „Ägyptischer Mond" kostet 280,- DM.
   d) Ihm gefallen beide Parfüms **nicht**.
   e) 4711 kann man **nicht** in der Parfümerie kaufen.

26 Ordnen Sie bitte zu. a = 4; b = 8; c = 7; d = 1; e = 3; f = 5; g = 6; h = 2.

Mehr Übungen . . .

1
   a) *Verkäuferin* Ich arbeite in einem großen Kaufhaus in München. Bei der Arbeit trage ich einen schwarzen Rock und eine weiße Bluse. Im Winter trage ich zum schwarzen Rock auch eine schwarze Jacke.
   b) *Student* Im Moment arbeite ich bei Burger King und muss eine hässliche Uniform tragen. An der Uni trage ich aber immer eine blaue Levi-Jeans mit einem modischen T-Shirt. Mir gefallen am besten amerikanische oder britische T-Shirts. Alte Sachen vom Flohmarkt gefallen mir manchmal auch.

2
   b) 3 – Die Katze schenkt er seiner Großmutter.
   c) 6 – Das Buch über englische Grammatik schenkt er seinem guten Freund, Jörg.
   d) 2 – Den alten Computer schenkt er seinem jüngeren Bruder.
   e) 1 – Das Poster von Brad Pitt schenkt er seiner Freundin.
   f) 5 – Den schönen Hibiskus schenkt er seiner Mutter.

3 a) 5; b) 4; c) 3; d) 6; e) 1; f) 2.

Lektion elf   Urlaub, Wetter und Gesundheit

1   ✉ **Wo waren Sie dieses Jahr im Urlaub?**

	Herr Schmidt	Frau Bosch	Herr u. Frau Wagner	Peter Kemper
war in den Bergen		x		
war auf Mallorca	x			
hatte kein Geld				x
sind an die Ostsee gefahren			x	
hat einen Job gesucht				x
hatten schlechtes Wetter			x	
ist Ski gelaufen		x		
hat deutsches Bier getrunken	x			
möchte nächstes Jahr in die Schweiz fahren		x		
möchte nach New York				x
möchte wiederkommen	x			
möchten in den Süden fliegen			x	

2   **Wie heißt es richtig?** a) Richtig; b) Falsch. Er hat deutsches Bier getrunken. c) Falsch. Frau Bosch hat einen Skiurlaub in der Österreich gemacht. d) Richtig; e) Falsch. Das Wetter in Travemünde war eine Katastrophe. f) Falsch. Peter Kemper hat keinen Urlaub gemacht.

3   **Verben + „Bewegung"** a) mit dem Flugzeug fliegen; b) auf den Berg steigen; c) zu Fuß gehen; d) mit dem Auto fahren; e) im Meer schwimmen; f) Ski laufen.

4   **Wie heißt es im Perfekt?**
   a) Er **ist** zu Fuß nach Hause **gegangen**.

   b) Petra und Ulrike **sind** jeden Tag vier Stunden im Meer
     geschwommen.
   c) Frau Müller **ist** fast jeden Tag Ski **gelaufen / gefahren**.
   d) Seppl Dreier ist auf den Mount Everest **gestiegen**.
   e) Diesmal **bin** ich mit der Lufthansa nach London **geflogen**.
   f) Annette **ist** viel mit dem Fahrrad **gefahren**.

5 Was haben Sie in Ihrem letzten Urlaub gemacht? *(A sample
response:)*
Ich war in Kairo. Ich bin drei Wochen geblieben. Ich habe in
einem 4-Sterne-Hotel gewohnt. Das Wetter war sehr gut. Ich
habe die Pyramiden besucht. Ich bin im Nil geschwommen.
Dann habe ich mit einem Krokodil gekämpft. Ein Fernsehteam
hat mich gefilmt. Ich habe Interviews gegeben. Ich war ein
großer Star. Ich kann einen Film in Hollywood machen: ich
spiele im neuen Tarzan-Film.
Es hat mir sehr gut gefallen. Nächstes Jahr will ich nach
Australien fahren.

6 Trend: Kurztrip statt Strandurlaub a) r; b) f; c) r; d) r; e) f.

9   **Was für Wetter hatten Sie im Urlaub?**

	wo sie waren	Jahreszeit	Temperaturen	Wetter
Bärbol Specht	auf Krota	Frühling	um 28 Grad	Ideal. Kein Regen. Jeden Tag Sonne und ein leichter Wind.
Jutta Weiss	Australien	Dezember (Sommer in Australien)	über 35 Grad	Sonne. Manchmal ein Gewitter.
Gerd Krönke	Schottland	Herbst	20–25 Grad	Regen, Nebel.

10 Das Wetter in Europa
   a) In München ist es wärmer.
   b) 20 Grad Celsius.
   c) Ja, es gibt Schauer.

d) Nein. In Wien scheint die Sonne und es ist bedeckt.
e) In Spanien gibt es Gewitter.
f) In Kairo scheint die Sonne. Die Temperatur beträgt zwischen 30 und 35 Grad.

11 📻 **Der Wetterbericht im Radio**
a) Nachts sind es **8 bis 0 Grad**.
b) Tagsüber sind es im Südosten **23 Grad**.
c) Montag gibt es im Norden und im Osten **Wolken und Regen**.
d) Dienstag gibt es in ganz Deutschland **Regen**.
e) Am Mittwoch ist es **besser**.

12 Ordnen Sie zu

gesund	ungesund
regelmäßig joggen	viele Hamburger essen
Salate essen	fernsehen und Kartoffelchips essen
zweimal in der Woche schwimmen gehen	jeden Tag vier Flaschen Bier trinken
ein Glas Rotwein pro Tag trinken	fünf Stunden ohne Pause vor dem Computer sitzen
Fahrrad fahren	
lange spazieren gehen	

13 „Wenn" – Sätze *(Possible answers:)*
Es ist gesund, wenn man Salate isst.
Ich finde es ungesund, wenn man fernsieht und Kartoffelchips isst.
Es ist gesund, wenn man zweimal in der Woche schwimmen geht.
Ich finde es ungesund, wenn man jeden Tag vier Flaschen Bier trinkt.
Ich finde es aber gesund, wenn man ein Glas Rotwein pro Tag trinkt.
Es ist ungesund, wenn man fünf Stunden ohne Pause vor dem Computer sitzt.
Es ist gesund, wenn man Rad fährt und auch wenn man lange spazieren geht.

16 Finden Sie die Antworten

	Was tun sie im Moment?	Was dürfen sie nicht tun?	Was sollen sie tun?	Was wollen sie tun?
Gabriela	treibt viel Sport, spielt Fußball, Handball, ein bisschen Tennis; raucht nicht, trinkt sehr wenig Alkohol; isst gesund	–	–	will vielleicht einen Fitness-Urlaub machen
Michael	joggt abends	darf nicht mehr rauchen	soll weniger Fett essen; soll mehr Sport treiben	will am Wochenende mehr mit dem Rad fahren
Marianne	geht vier- bis fünfmal in der Woche schwimmen	darf nicht mehr Volleyball spielen; darf auch nicht mehr Ski fahren	soll viel schwimmen gehen	will wieder aktiver leben
Egbert	geht Windsurfen und Tauchen; geht auch Ski fahren	–	soll nicht mehr so viel Sport machen	will mehr relaxen

17 Verbinden Sie

Gabriela Tomascek ...	fühlt sich sehr fit.
Michael Warnek ...	darf nicht mehr rauchen. soll mehr Sport treiben.
Marianne Feuermann ...	darf nicht mehr Ski fahren.
Egbert Schmidt-Tizian ...	soll weniger Sport treiben. will mehr Freizeit haben.

18 Sollen, wollen, dürfen: Was passt am besten?
  a) Herr Kaspar ist zu dick. Die Ärztin sagt, er **soll** weniger essen.
  b) Frau Meier liebt Italien. Sie **will** nächstes Jahr nach Neapel fahren.
  c) Peter ist morgens immer müde. Seine Mutter sagt, er **soll** früher ins Bett gehen.
  d) Beate Sabowski hat Herzprobleme. Der Arzt sagt, sie **darf** nicht mehr rauchen.
  e) Kinder unter 16 Jahren **dürfen** den Film nicht sehen.
  f) Man **soll** nicht zu viel Kaffee trinken.
  g) Im Sommer fahre ich nach Argentinien. Vorher **will** ich ein wenig Spanisch lernen.

20 Was tut hier weh? a = 8; b = 3; c = 2; d = 1; e = 5; f = 7; g = 4; h = 6.

21 ☞ Beim Arzt a) Richtig; b) Falsch. Die Schmerzen hat sie seit fast vier Wochen. c) Richtig; d) Richtig; e) Falsch. Sie darf kein Volleyball spielen. Sie soll lieber zum Schwimmen gehen. f) Falsch. Sie sagt, es ist sehr wichtig.

23 Verschiedene Ärzte
  a) Mit den Kindern geht man zum **Kinderarzt**.
  b) Wenn man Probleme mit dem Rücken hat, seht man zum **Arzt für Orthopädie**.
  c) Wenn man Probleme mit den Augen hat, geht man zum **Augenarzt**.

d) Wenn eine Frau ein Baby bekommt, geht sie zum **Frauenarzt** (oder zur **Frauenärztin**.)

e) Wenn man zum Beispiel eine Grippe oder Fieber hat, geht man zur **Fachärztin für Allgemeinmedizin** (oder zum **Arzt für Allgemeinmedizin**).

24 ▦ **Spielen Sie die Rolle** *(Sample responses:) Ich habe Halsschmerzen. / Etwa drei Tage, aber es wird immer schlimmer. / Ich bin Lehrer(in). / Ja, aber was soll ich tun? / Ja, nächste Woche fliege ich nach Florida. / Gut. Vielen Dank. /*

Mehr Übungen . . .

1

Na, wie geht's? Dieses Jahr sind wir nicht **nach** Indien geflogen oder **in** die Berge gefahren. Nein, wir haben Urlaub **an** der Ostsee gemacht, **auf** der Insel Rügen. Rügen liegt im Norden, in der ehemaligen DDR. Das Wetter war gut, wir sind viel **in der** Ostsee geschwommen. Außerdem haben wir einen Ausflug **nach** Berlin gemacht. Dort war es natürlich auch sehr interessant. So viel hat sich verändert. Wir sind **ins** Pergamon Museum gegangen und waren auch **im** Museum für Deutsche Geschichte.

3 a) Richtig; b) Falsch; c) Richtig; d) Richtig; e) Falsch; f) Falsch.

4

a) In diesem Geschäft **kann man Bücher und Schreibwaren kaufen.**

b) In diesem Geschäft **kann man Kaffee, Tee und Wein kaufen.**

c) In dieser Straße **darf man** nur langsam **fahren.**

d) In dieser Stadt **kann man** sonntags um 10 Uhr **in die Kirche gehen.**

e) Werktags zwischen 7 und 19 Uhr **darf man** bis auf 60 Minuten hier **parken.**

f) Vor dieser Tür **darf man nicht parken.**

Lektion zwölf   Das Leben in Deutschland

2 Formell oder informell

informell	formell
Hallo, Bernd bist du es? Ist Inga da?	Ah, Frau Weber. Wie geht's? Spreche ich mit Frau Schmidt? Ich möchte mit Herrn Klaus sprechen. Kann ich bitte mit Frau Groß sprechen?

3 ☎ Telefonanrufe

	1	2	3
Sie ist beim Zahnarzt.		X	
Die Leitung ist besetzt.	X		
Er ist auf Geschäftsreise.			X
Soll sie zurückrufen?		X	
Wollen Sie warten?	X		
Wollen Sie eine Nachricht hinterlassen?			X
Er möchte mich morgen zurückrufen.			X
Ich bin zu Hause.		X	
Ich rufe später noch mal an.	X		

a) Sie telefoniert.
b) Sie ist beim Zahnarzt und kommt in einer Stunde wieder nach Hause.
c) Er ist auf Geschäftsreise (in Wien) und ist wahrscheinlich morgen wieder im Büro.
d) Sie möchte ihm ein (fantastisches) Geschenk geben.

4 **Was passt zusammen?** a) 3; b) 1; c) 5; d) 6; e) 2; f) 4.

5 **Heißt es ihr, ihm oder ihnen?**
   a) Ich sage es **ihm.** *(I'll tell him.)*
   b) Ich richte es **ihm** aus. *(I'll pass the message on to him.)*
   c) Soll ich **ihnen** eine Nachricht geben? *(Should I give them a message?)*
   d) Soll ich **ihr** etwas ausrichten? *(Should I pass on a message to her?)*
   e) Sag **ihr** bitte, ich bin um 5 Uhr da. *(Tell her, please, I'll be there at 5 o'clock.)*

6 ▱ **Frau Nadolny ist in einem Meeting.**
   a) 5;   b) 1;   c) 2;   d) 7;   e) 4;   f) 6;   g) 3.

7 ▱ **Anrufbeantworter** Guten Tag. **Hier** ist der telefonische Anrufbeantworter von Evelyn und Michael Schweighofer. Wir sind im Moment **leider** nicht da. Sie können uns aber gerne nach dem Pfeif-Ton eine **Nachricht** hinterlassen. Bitte sagen Sie uns Ihren **Namen** und Ihre **Telefonnummer** und wir **rufen** Sie dann so schnell wie möglich **zurück.**

8 **Wortspiel**
   1 APPARAT
   2 ZURÜCKRUFEN
   3 PFEIFTON
   4 VERBINDEN
   5 BESETZT
   6 HINTERLASSEN
   7 ANSCHLUSS
   8 LEITUNG
   9 NACHRICHT
   10 NAMEN
   11 AUSRICHTEN

10 **Richtig oder falsch?**
   a) Falsch. Herr Frankenthal ist verheiratet. b) Richtig; c) Falsch. Er hat in Offenbach seinen Realschulabschluss gemacht. d) Richtig; e) Falsch. Seinen ersten Job hatte er bei der Dresdner Bank. f) Richtig; g) Richtig.

11 ▱ **Claudia Schulte**
   a) 1968.
   b) Sie ist durch Asien gereist.
   c) Von 1989 bis 1998.

    d) An der Universität Hamburg.
    e) Vier Jahre.
    f) Seit 1998.

12 Frau Schulte schreibt ihren Lebenslauf

Ich bin am **1. Juni 1968** in **Bremen** geboren. Von **1974** bis **1978** bin ich in die Grundschule in **Bremen** gegangen. Danach habe ich auf das Heinrich-Heine Gymnasium gewechselt. 1987 habe ich mein Abitur gemacht. Nach der Schule bin ich **durch Asien** gereist.

Von **1988** bis **1989** habe ich ein Praktikum bei der „**Hamburger Zeitung**" gemacht. Anschließend habe ich Journalistik **an der Universität Hamburg** studiert und **1994** meinen Abschluss gemacht.

Nach dem Studium habe ich von **1994** bis **1998** bei **der** „**Tageszeitung**" in Berlin gearbeitet. 1998 bin ich wieder nach **Hamburg** gezogen und arbeite beim Nachrichtenmagazin „**Der Spiegel**".

13 Was passt zusammen?

    a) in die Grundschule – gegangen
    b) auf das Gymnasium – gewechselt
    c) das Abitur – gemacht
    d) Journalistik – studiert
    e) in einer Bank – gearbeitet
    f) durch Asien – gereist
    g) in Bremen – geboren
    h) nach Hamburg – gezogen

- **haben:** gewechselt, gemacht, studiert, gearbeitet.
- **sein:** gegangen, gereist, geboren, gezogen.

14 Welche Präpositionen fehlen?

    a) Peter ist **in** Monte Carlo geboren.
    b) Viele Leute sind **nach** Berlin gezogen.
    c) Paulina hat **an** der Universität Boston studiert.
    d) Herr Neuss arbeitet **bei** der Telekom.
    e) **Nach** der Schule hat sie gleich studiert.
    f) Er lebt **seit** drei Jahren mit seiner Freundin zusammen.

18 Dass
   a) Ich meine, **dass** Frankfurt das Finanzzentrum von
      Deutschland **ist**.
   b) Ich glaube, **dass** es in Wien viele alte Kaffeehäuser **gibt**.
   c) Ich denke, **dass** München eine sehr schöne Stadt **ist**.
   d) Ich glaube, **dass** die Schweizer viel Humor **haben**.
   e) Ich denke, **dass** die Deutschen viel Bier **trinken**.
   f) Ich meine, **dass** Deutschland ein sehr interessantes Land **ist**.

19 Können Sie dass benutzen? Ich denke / Wir denken *or* Ich
   glaube / Wir glauben, **dass** . . .
   a) . . . Österreich größer als die Schweiz ist.
   b) . . . Bern die Hauptstadt der Schweiz ist.
   c) . . . es vier offizielle Sprachen in der Schweiz gibt:
      Französisch, Italienisch, Räteromanisch und Deutsch.
   d) . . . die wichtigsten Städte in Österreich Wien, Linz, Graz,
      Innsbruck und Salzburg sind.
   e) . . . Mozart in Salzburg geboren ist.
   f) . . . die Bundesrepublik Deutschland 81,5 Millionen
      Einwohner hat.
   g) . . . Berlin die Hauptstadt der Bundesrepublik ist.
   h) . . . Hamburg größer als München ist.
   i) . . . das Oktoberfest im September stattfindet.
   j) . . . Frankfurt am Main am multikulturellsten ist.

20 Haben Sie es gewusst?

SCHWEIZ	ÖSTERREICH	DEUTSCHLAND
• Uhren	• Sigmund Freud-Haus	• Biergärten
• Arzneimittel	• Mozart-Kugeln	• Wiedervereinigung
• vier Sprachen	• Schloss Schönbrunn	• Arzneimittel
• 7,2 Millionen Einwohner	• etwa doppelt so groß wie die Schweiz	• 81,5 Millionen Einwohner
	• 8 Millionen Einwohner	• Oktoberfest
		• viele Leute aus der Türkei
		• neue Hauptstadt
		• multikulturelle Gesellschaft

21 Finden Sie die Zahlen
a) Fläche der Bundesrepublik Deutschland: **356,974 km²**.
b) Fläche von Österreich: **83,853 km²**.
c) Fläche der Schweiz: **41,293 km²**.
d) Einwohnerzahl von Deutschland: **81,5 Millionen**.
e) Einwohnerzahl von Österreich: **8 Millionen**.
f) Einwohnerzahl der Schweiz: **7,2 Millionen**.
g) Deutsche Wiedervereinigung: **1990**.
f) Seit wann ist Berlin Haupstadt: **3.10.1990**.
h) Ausländeranteil in Frankfurt: **29,1%**.

23 Wer sagt was über Deutsch?

	Fahid	Netsehet	Peter	Abigail
Sprechen ist einfacher als Schreiben.	X	X		
Trennbare Verben („abfahren", „mitkommen") sind ein Problem.			X	
Adjektivendungen sind schwer.				X
Die Großschreibung ist schwierig.		X		
Die Artikel (der, die, das) sind kompliziert.	X			X
Wenn man Englisch spricht, ist Deutsch ziemlich einfach.			X	
Man kann Deutsch schnell lernen.	X			

24 *(These are only sample answers:)*
a) Er sagt, dass sie sehr nett sind.
b) Sie findet, dass die Großschreibung schwierig ist.
c) Er sagt, dass er sie nicht mag.
d) Er glaubt, dass Deutsch nicht so schwer ist, wenn man Englisch spricht.
e) Sie meint, dass die Adjektivendungen schwer sind.
f) Sie sagt, dass sie viel Spaß mit den anderen Studenten hat.

Mehr Übungen . . .

1 a) 1; b) 1; c) 2; d) 1.

2

   a) Sagen Sie ihm bitte, dass ich angerufen habe.
   b) . . . , dass ich heute Nachmittag an meinem Schreibtisch bin.
   c) . . . , dass er zurückrufen soll.
   d) . . . , dass ich heute Abend mit ihm essen gehen möchte.
   e) . . . , dass er seine Freundin mitbringen soll.
   f) . . . , dass wir nachher in die Disco gehen wollen.

3

Dr. Peters ist	auf	Geschäftsreise.
Am Montag ist er	in	Berlin.
Doris liegt	im	Bett.
Paul war drei Wochen	auf	Mallorca.
Sie waren zwei Stunden	in	einem Meeting.
Frau Krull ist	beim	Zahnarzt.

Audio transcripts 📟

This section contains transcripts for those audio activities for which no text appears in the main book.

Lektion eins   Guten Tag!

Übung 6. Ein Unfall. *An accident.*
Polizist	Wie heißen Sie, bitte?
Ältere Dame	Ich heiße Emma Klein
Polizist	Klein, Emma. Und Sie? Wie ist Ihr Name?
Fahrer	Mein Name ist Schwarz, Martin Schwarz.
Polizist	Schwarz, Martin. Und du? Wie heißt du?
Junge	Ich heiße Sander Schmidt.
Polizist	Schmidt, Sander.

Übung 9. Grüße im Radio und Fernsehen. *Greetings on radio and TV.*
Guten Abend, verehrte Zuschauer . . .
Radio Bayern. Guten Morgen, liebe Zuhörer . . .
Hallo, schön guten Morgen . . .
Gute Nacht, liebe Zuhörer . . .
Guten Tag. Hier ist die Tagesschau . . .
Unser Programm geht jetzt zu Ende. Wir wünschen Ihnen eine gute Nacht.

Übung 12. Fußballbundesliga. *Federal German soccer league.*
Die weiteren Ergebnisse vom 33. Spieltag:
Hamburg Dortmund: 2 zu 1
Bochum Sankt Pauli: 6 zu 0
Duisburg Mönchengladbach: 4 zu 2
Bielefeld Rostock: 1 zu 3
Schalke Freiburg: 0 zu 2
Karlsruhe 1860 München: 3 zu 0
Bremen Düsseldorf: 1 zu 0

Übung 14. Wer ist da? *Who has arrived?*

Guten Tag! Wie heißen Sie, bitte?
Krischer, Markus.
Wie schreibt man das?
K-R-I-S-C-H-E-R
Ja, gut. Sie stehen auf der Liste.
Guten Tag! Mein Name ist Retzlaff, Bettina Retzlaff.
Und wie buchstabiert man Retzlaff?
R-E-T-Z-L-A-F-F
Ja, Sie sind auch auf der Liste.
Hallo! Mein Name ist Walz: W-A-L-Z.
Danke. Ja, hier ist Ihr Name.
Und ich heiße Schidelowskaja S-C-H-I-D-E-. . .
Ist schon gut! Sie sind auch dabei, Frau Schidelowskaja!

Übung 15. Welche Firmennamen hören Sie?
Und nun der Bericht von der Börse aus Frankfurt. Ein guter Tag für
die AEG, plus 9 Punkte. Von der Autoindustrie ist Positives zu
vermelden: BMW legte um 3 Prozent zu, und auch VW meldete ein
leichtes Plus. Dagegen ein schlechter Tag für die Banken: Deutsche
Bank minus 5 Prozent, die DG-Bank minus 7, die Dresdner sogar
minus 9. Nichts Neues von der Bahn: die DB meldete plus minus 0.

Lektion zwei   Sprechen Sie Deutsch?

Übung 3. Im Café.
Guten Tag, Helga!
Tag, Jutta! Und wie geht's dir?
Na ja . . . Mir geht's heute nicht so gut.
Das tut mir aber Leid.
Und dir? Wie geht's dir denn?
Mir geht's wirklich sehr gut . . . O, da kommt Dagmar!
Tag, Dagmar!
Tag, Helga! Tag, Jutta!
Und wie geht's heute?
Ach, es geht.

Übung 13. Die Lottozahlen.
Und hier die Lottozahlen: 4, 7, 25, 27, 32 und 36.

Zusatzzahl ist die 8.
Ich wiederhole 4, 7, 25, 27, 32, 36. Die Zusatzzahl ist die 8.
In the ,,Lotterie Super 6" and in the ,,Spiel 77" you will have two more chances to win.
Die Gewinnzahlen für das Super 6 lauten: 3 8 3 7 1 8
Beim Spiel 77 fielen die Gewinnzahlen auf die Nummern: 0 3 8 8 6 3 0
Diese Angaben sind wie immer ohne Gewähr.

Übung 15. Anrufe bei der Auskunft.
Guten Tag. Ich hätte gern die Telefonnummer von Berta Schulz in Hamburg.
Schulz? Wie schreibt man das bitte?
S-C-H-U-L-Z
Vorname Berta?
Ja, richtig.
Wohnort?
Hamburg.
Die Nummer ist 040 – 30 07 51.

Hallo. Ich brauche die Nummer von Günter Marhenke hier in Hamburg.
Marhenke? Wie buchstabiert man das?
M-A-R-H-E-N-K-E.
Können Sie das wiederholen?
Ja, kein Problem: M-A-R-H-E-N-K-E.
Die Nummer ist 040 – 73 45 92.

Guten Abend. Maria Peters hier. Ich brauche die Telefonnummer von Hubert Maier in Berlin bitte.
Maier mit A-I oder mit E-I?
Maier mit A-I, also M-A-I-E-R.
Die Nummer ist 0 30 2 79 50 09.

Guten Tag. Ich hätte gern die Nummer von Matthias Ötken hier in Hamburg.
Ötken? Können Sie den Namen bitte buchstabieren?
O umlaut, T-K-E-N, Matthias.
Also, O Umlaut, T-K-E-N.

Ja, genau.
Die Nummer ist 040 65 28 74.

Übung 19. Was ist hier falsch?
Guten Abend! Mein Name ist Gerhard Langer und ich bin
Deutscher. Ich komme aus Dresden, aber ich wohne jetzt hier in
Köln. Ich spreche Deutsch und kann auch sehr gut Französisch. Ich
bin ledig und ich arbeite in Aachen.

Lektion drei   Arbeit und Studium.

Übung 10. Hermann Hümmer aus Dresden lernt Bernd Brückner
aus Coventry kennen.

Hermann   Willkommen in Dresden! Mein Name ist Hermann
Hümmer. Können Sie vielleicht Deutsch?
Bernd   Guten Tag! Ja, ich spreche Deutsch. Ich heiße Bernd
Brückner.
Hermann   Das ist ja großartig! Sind Sie denn Deutscher?
Bernd   Ja, aber meine Frau ist Engländerin, und ich wohne seit
8 Jahren in England.
Hermann   Ach so. Und was sind Sie von Beruf?
Bernd   Ich bin Tischler.

Übung 14. Was studieren sie?
Heike   Hallo! Ich heiße Heike und das ist Martina. Wie heißt ihr?
Paul   Hallo! Ich heiße Paul und komme aus Bremen.
Daniel   Grüßt euch! Ich bin der Daniel und komme aus Hamburg.
Und woher kommt ihr?
Heike   Ich komme aus Düsseldorf und Martina kommt aus Köln.
Seid ihr Studenten?
Paul   Ja, wir studieren in Bremen. Ich studiere Germanistik.
Daniel   Und ich Anglistik. Ihr seid wohl auch Studentinnen?
Heike   Ja, in Aachen. Ich studiere Informatik und Martina
studiert Mathematik.

Lektion vier   Familie und Freizeit

Übung 17. Frau Hochstädter und Herr Gunesay sprechen über ihre Familie.

Herr Gunesay	Haben Sie eigentlich Geschwister, Frau Hochstädter?
Frau Hochstädter	Ja freilich. Den Richard und die Johanna.
Herr Gunesay	Und die wohnen noch in Österreich?
Frau Hochstädter	Ja, genau. Beide wohnen dort. Und sie arbeiten beide bei der Post. Und wie ist das bei Ihnen? Sie haben doch sicherlich eine große Familie?
Herr Gunesay	Na, so groß auch nicht. Ich habe noch einen Bruder und eine Schwester. Und die wohnen auch hier. Aber meine Großeltern, meine Onkel und Tanten sind fast alle noch in der Türkei.
Frau Hochstädter	Und Ihre Eltern?
Herr Gunesay	Die wohnen in Hamburg und haben hier einen Kiosk. Der geht sehr gut.
Frau Hochstädter	Und was machen Ihre Geschwister?
Herr Gunesay	Die studieren beide an der Universität.

Lektion fünf   Essen und Einkaufen

Übung 15. Carola und Kerstin sind durstig.

Kerstin	Oh, bin ich durstig. Was möchtest du trinken, Carola?
Carola	Ich glaube, ich nehme ein Mineralwasser und einen Kaffee – oder vielleicht ein Eis?
Kerstin	Ah, ein Eis hat zu viele Kalorien.
Carola	Und du?
Kerstin	Ich nehme einen Orangensaft mit Wodka.
Carola	Mit Wodka?
Kerstin	Ja, mit Wodka. Hallo, wir möchten bestellen.
Kellner	Guten Tag. Was bekommen Sie bitte?
Carola	Ich möchte ein Mineralwasser und einen Kaffee, bitte.
Kellner	Eine Tasse oder ein Kännchen?
Carola	Eine Tasse bitte.
Kellner	Und was bekommen Sie bitte?
Kerstin	Ich möchte einen Orangensaft mit Wodka.

Kellner	Mit Eis oder ohne?
Kerstin	Ohne bitte.
Kellner	Möchten Sie auch etwas essen?
Kerstin	Nein danke, vielleicht später.

Lektion sechs   Uhrzeiten und Verabredungen.

Übung 4. Haben Sie ein Zimmer frei?

Dialog 1

Herr Muth	Guten Tag. Haben Sie ein Zimmer frei?
Empfangsdame	Ja, ein Einzelzimmer oder ein Doppelzimmer?
Herr Muth	Ich möchte ein Einzelzimmer für eine Person, bitte.
Empfangsdame	Und für wie lange?
Herr Muth	Für vier Nächte.
Empfangsdame	Für vier Nächte. Also von heute, Dienstag bis Freitag?
Herr Muth	Ja. Von Dienstag bis Freitag.
Empfangsdame	Möchten Sie ein Zimmer mit Bad oder mit Dusche?
Herr Muth	Mit Bad, bitte.
Empfangsdame	Da hätte ich Zimmer Nr. 263 zu 74 Mark.
Herr Muth	Das geht in Ordnung. Ich nehme das Zimmer.
Empfangsdame	So. Hier ist der Schlüssel. Bitte tragen Sie sich ein.
Herr Muth	Danke schön.

Dialog 2

Frau Pestalozzi	Guten Abend. Haben Sie ein Doppelzimmer für eine Nacht?
Empfangschef	Moment bitte, ich schaue mal nach. Ja, Zimmer 27 im zweiten Stock ist noch frei. Es hat aber nur eine Dusche.
Frau Pestalozzi	Das ist schon gut.
Empfangschef	Und Ihr Mann – wartet er draußen im Auto?
Frau Pestalozzi	Ach nein, ich habe keinen Mann dabei! Ich bin allein. Aber Einzelzimmer sind für mich immer zu klein.

Empfangschef	Gut, Zimmer 27 im zweiten Stock. 220 Mark pro Nacht. Hier ist Ihr Schlüssel.
Frau Pestalozzi	Danke schön.
Empfangschef	Würden Sie sich bitte nachher eintragen.

Dialog 3

Frau Rene	Guten Tag. Haben Sie zwei Doppelzimmer frei?
Empfangsdame	Es kommt darauf an. Für wie lange und für wie viele Personen?
Frau Rene	Für fünf Nächte und für vier Personen.
Empfangsdame	Also von heute, Sonntag, bis Donnerstag für vier Personen?
Frau Rene	Ja.
Empfangsdame	. . . Da hätten wir Zimmer 13 im ersten Stock und Zimmer 34 im dritten Stock. Zimmer 13 hat eine Dusche und Zimmer 34 hat ein Bad. Geht das?
Frau Rene	Ja. Und was kosten die Zimmer?
Empfangsdame	210 Mark pro Zimmer mit Frühstück.
Frau Rene	Gut, dann nehme ich die beiden Zimmer.

Übung 5. Was sagt der Gast?

Sie	Guten Tag. Haben Sie ein Zimmer frei?
Empfangsdame	Ein Einzelzimmer oder ein Doppelzimmer?
Sie	Ein Doppelzimmer, bitte.
Empfangsdame	Und für wie viele Nächte?
Sie	Für drei Nächte.
Empfangsdame	Möchten Sie ein Zimmer mit Bad oder Dusche?
Sie	Mit Bad, bitte.
Empfangsdame	Gut, Zimmer 14. Bitte tragen Sie sich hier ein.
Sie	Und wann ist Frühstück?
Empfangsdame	Zwischen sieben Uhr und neun Uhr. Ich wünsche Ihnen einen angenehmen Aufenthalt.

Übung 10. Übung 11. Wie spät ist es?

Dialog a

– Es ist *Viertel nach zwei*. Hier ist die Schlager-Parade von Radio Frankfurt. Wir fangen an . . .

Dialog b
– Mm. Das riecht ja gut. Ist es fertig?
– Ja, gleich. Wie spät ist es denn?
– Kurz *vor halb sieben*.

Dialog c
– Oh! Es ist schon *zwanzig vor acht*. Ich komme zu spät zu meiner
  Englisch-Klasse.

Dialog d
– Egon. Aufstehen. Es ist schon zehn vor neun.
– Was? *Zehn vor neun*. Nein.
– Doch, doch. Aufstehen.

Dialog e
– Entschuldige, Birgit. Weißt du, wie spät es ist?
– Ja, *halb fünf*.

Dialog f
– Entschuldigungen Sie bitte. Wie viel Uhr ist es?
– Es ist *fünf nach acht*.
– Danke schön.
– Bitte.

Übung 17. Radio- und Fernsehprogramme.
a) Es ist 20 Uhr. Hier ist das Erste Deutsche Fernsehen mit der
   Tagesschau.
b) Radio Bremen. Sie hören die Nachrichten. Es ist 14 Uhr 03. Und
   jetzt der Wetterbericht . . .
c) Beim Gongschlag was es 13 Uhr. Hier ist die Deutsche Welle mit
   den Nachrichten.
d) Sieben Uhr 57. Und jetzt die Verkehrslage auf Deutschlands
   Straßen . . .
e) Das war das Aachener Nachrichtenmagazin. Es ist jetzt
   15 Uhr 44.
f) RTL Radio-Shop. Es ist 17 Uhr und drei Minuten.

Übung 20. Was macht Herr Fablione?

Renate	Herr, Fablione, Sie arbeiten als Automechaniker in einer Autowerkstatt. Wie sieht denn ein typischer Tag bei Ihnen aus?
Herr Fablione	Nun, normalerweise stehe ich früh auf, so gegen halb sieben. Oft kaufe ich morgens frische Brötchen und frühstücke mit meiner Frau und den Kindern.
Renate	Wann fängt denn Ihre Arbeit an?
Herr Fablione	Um acht. Das heißt, dass ich normalerweise um 20 Minuten vor acht aus dem Haus gehe.
Renate	Wie lange arbeiten Sie denn?
Herr Fablione	Bis 16 Uhr.
Renate	Und haben Sie eine Pause?
Herr Fablione	Nun, Mittagspause machen wir um 12 Uhr. Meistens 45 Minuten.
Renate	So, Feierabend ist gegen vier. Was machen Sie denn dann?
Herr Fablione	Tja, ich fahre nach Hause und spiele oft mit den Kindern. Manchmal gehen wir in den Park oder spielen Fußball, manchmal in den Zoo.
Renate	Und wann essen Sie zu Abend?
Herr Fablione	Meistens um halb sieben. Danach bringen wir dann die Kinder ins Bett. Die schlafen dann hoffentlich so gegen halb acht, acht Uhr.
Renate	Bleiben Sie zu Hause oder gehen Sie oft aus?
Herr Fablione	Oft bleiben wir zu Hause. Wir sehen nicht viel fern, wir lesen viel und meine Frau und ich lernen im Moment auch zusammen Spanisch. Ein- oder zweimal in der Woche kommt meine Schwiegermutter als Babysitterin und passt auf die Kinder auf. Dann gehen meine Frau und ich aus, ins Kino oder ins Restaurant oder wir besuchen Freunde.
Renate	Und wann gehen Sie normalerweise ins Bett?
Herr Fablione	Meistens um halb 12, manchmal erst später.

Übung 29. Was müssen die Personen machen? Was möchten sie machen?

Person 1

Schon halb sieben. Und ich bin immer noch nicht fertig. Alle
meine Freunde gehen in die Kneipe und ich muss lernen. Diese
doofe Englisch-Prüfung. Warum ist Englisch nur so schwer?

Person 2

– Guten Tag, Herr Müller? Wie geht es Ihnen?
– Danke gut. Und Ihnen?
– Auch gut. Herr Müller, wir haben noch eine Karte für die Oper
  nächsten Montag? Können Sie mitkommen?
– Oh, das ist schade. Ich möchte sehr gern, aber ich muss nach
  München fahren, geschäftlich. Das ist wirklich sehr schade.

Person 3

Es ist so schönes Wetter und ich möchte gerne in den Park gehen
und lesen. Aber, na ja, es ist erst halb drei und ich muss noch zwei
Stunden arbeiten.

Person 4

Puh, jetzt jogge ich schon 10 Minuten, aber mein Arzt sagt, ich
muss jeden Tag eine halbe Stunde laufen. Jogging, schrecklich. Ich
möchte jetzt lieber Pause machen und einen Hamburger essen und
eine Cola trinken.

Lektion sieben   Alltag in der Stadt

Übung 4. Herr Fuhrmann kauft ein. Wo ist er und was macht er?

Dialog 1

Guten Tag.
Guten Tag. Was bekommen Sie, bitte?
Wie teuer sind die Agfa-Filme?
200 Asa oder 400 Asa.
200.
Wir haben gerade welche im Angebot.
Dann nehme ich drei.

Dialog 2
Kann ich Ihnen helfen?
Ja, vielleicht. Ich suche einen Reiseführer über Schottland. Haben
Sie einen?
Ja, sicher! Auf Englisch oder auf Deutsch?
Ich denke, auf Deutsch.
Hier haben wir zum Beispiel *Baedekers Reiseführer* oder *Anders Reisen*.
Ach ja, Ich denke, ich nehme beide Bücher.
Also, zwei Reisebücher. Das macht zusammen 37,50 Mark.

Dialog 3
Guten Tag, mein Herr. Was suchen Sie?
Hätten Sie ein kleines Radio?
Ja, sicher. Hier ein Sony für 120 Mark oder hier ein Blaupunkt zu
110 Mark. Beide sind qualitativ sehr gut.
Haben Sie nichts Billigeres?
Leider nicht.
Also, danke. Auf Wiedersehen.

Dialog 4
Entschuldigen Sie, bitte. Wo find' ich Cassetten und CDs?
Im dritten Stock.
Danke.
Guten Tag. Haben Sie bitte die neue CD von Pavarotti?
Ja, bitte schön. Hier ist sie.
Oh, und geben Sie mir bitte auch noch „*Die drei Tenöre*".
Ja sicher, mein Herr. Hier sind Ihre zwei CDs. Bitte zahlen Sie an
der Kasse.

Dialog 5
Guten Tag. Ich möchte bitte meine Tickets abholen.
Und wie war Ihr Name?
Fuhrmann. F-U-H-R-M-A-N-N.
(Sie sieht nach) Mm. Sie fliegen morgen nach Edinburg?
Ja, richtig.
So, bitte schön. Hier sind Ihre Tickets. Es gibt nichts mehr zu
bezahlen. Ich wünsche Ihnen eine schöne Reise.
Danke schön und auf Wiedersehen.

Dialog 6
Bekomme ich in dieser Abteilung einen Regenschirm?
Nein. Regenschirme sind im vierten Stock.
Oh. Das ist mir jetzt zu weit. Ich habe keine Zeit mehr. Es wird
sowieso in Schottland wahrscheinlich nicht regnen. Einen
Regenschirm werd' ich also nicht kaufen.

Übung 13. Was macht Anke? Anke ist Studentin.
Ich bin die Anke, und ich studiere in Jena. Ich stehe um sieben
oder um acht auf. Und die Vorlesungen und Seminare fangen um
acht oder um neun oder auch später an. Manchmal sind sie am
Vormittag und manchmal am Nachmittag. Ich fahre meistens mit
dem Fahrrad zur Uni, weil ich ganz in der Nähe vom Zentrum
wohne. Oder wenn das Wetter schlecht ist, fahre ich auch mit dem
Bus. In der Bibliothek sitze ich recht selten. Und Mittag esse ich
manchmal in der Mensa. Einkaufen gehe ich auf dem
Nachhauseweg, da es auf meinem Weg einen kleinen Laden gibt.
Abendbrot esse ich so um sieben oder um acht. Da ich keinen
Fernseher habe, sehe ich auch nicht fern, sondern ich lese lieber
oder gehe ins Kino, zusammen mit Freunden. Ich besuche sehr
gerne Freunde, um einen Tee zu trinken und zu schwatzen. Sehr
selten gehe ich auch in die Disco, und von Zeit zu Zeit besuche ich
meine Mutter und meine Großeltern, die in einer Stadt etwas
entfernt von Jena wohnen.

Lektion acht   Was haben sie gemacht?

Übung 5. Es ist Sonntagmorgen. Was hat Ulrike gemacht? Was hat
Angela gemacht?

Angela Hallo, Ulrike. Na, wie geht's?
Ulrike Ganz gut, ich bin noch ein bisschen müde.
Angela Oh, habe ich dich geweckt?
Ulrike Nein, nein, ich habe gerade gefrühstückt.
Angela Gerade gefrühstückt? Was hast du denn gestern gemacht?
Ulrike Tja, das war ein langer Tag. Am Morgen war ich in der
         Stadt und habe eingekauft. Am Nachmittag habe ich Britta
         und Georg besucht. Abends waren wir dann zusammen in
         der neuen „Mondschein-Bar" und haben bis 3 Uhr

	getanzt. Ein DJ aus New York hat Musik gemacht und die Platten aufgelegt. Wir haben viel Spaß gehabt. Und du?
Angela	Ich habe gestern Morgen einen neuen Computer gekauft und na ja, dann den ganzen Tag mit dem Computer gespielt.
Ulrike	Hast du auf dem Internet gesurft?
Angela	Genau, das war schon interessant.
Ulrike	Und wie viel hast du für den Computer bezahlt?
Angela	1800,- Mark. Er hat 200,- Mark weniger gekostet.
Ulrike	Und was habt ihr abends gemacht?
Angela	Ich war ein bisschen müde. Bernd und ich haben schön gekocht und dann noch ein bisschen klassische Musik gehört. Ganz romantisch, bei Kerzenschein und so. Wie früher, weißt du. Was machst du denn heute, Ulrike?
Ulrike	Tja, ich weiß noch nicht so genau. Vielleicht können wir ja . . . *(fading out)*

Übung 18. Mehr über Peter Wichtig . . .

Moderator	Herr Wichtig, vielen Dank, dass Sie zu uns ins Studio kommen konnten, ich weiss, Sie sind sehr busy im Moment.
Peter Wichtig	Ja, das stimmt. Wir bereiten eine neue Tournee vor und wir haben gerade eine neue CD auf dem Markt.
Moderator	Ja, bevor wir ihren neuen Song spielen, Herr Wichtig, ein paar Fragen zu Ihrer Person. Wie lange machen Sie denn schon Musik?
Peter Wichtig	Seit zehn Jahren genau. Meinen ersten Song habe ich genau vor 10 Jahren geschrieben. Das war auch mein erster Hit: *Um acht Uhr aus dem Bett, das finde ich nicht nett.* Wir haben 400.000 CDs verkauft.
Moderator	Und wie viele CDs haben Sie insgesamt gemacht?
Peter Wichtig	Insgesamt zehn. Jedes Jahr eine, das ist nicht schlecht, oder?
Moderator	Schreiben Sie alle Lieder selber?
Peter Wichtig	Ja, ich komponiere die Musik und schreibe auch die Texte, klar.
Moderator	Sie sind ein Allround-Mensch, Herr Wichtig, schreiben und komponieren, geben viele Interviews,

gehen zweimal im Jahr auf Tournee, haben Sie denn überhaupt Freizeit?

Peter Wichtig	Wenig, wenig.
Moderator	Und wenn, was machen Sie dann?
Peter Wichtig	Im Winter fahre ich gern Ski. Mein Lieblingsort ist nicht weit von hier, Kitzbühel. Und im Sommer, nun ich surfe, spiele Tennis – ich bin ein guter Freund von Boris – oder spiele Golf. Und dann die vielen Partys, New York, Berlin, Nairobi, Los Angeles, Monte Carlo . . . Und die vielen Freunde, die ich sehen muss: Robert de Niro, Michelle Pfeiffer, meinen Kollegen Mick Jagger, Claudia Schiffer, Franz Beckenbauer . . .
Moderator	Herr Wichtig, ich muss Sie leider unterbrechen, aber wir müssen im Programm weitermachen. Hier ist also die neuste Single von Peter Wichtig: *Dich kann man vergessen* – pardon – *Ich kann dich nicht vergessen.*

Übung 22. Klassentreffen. Vor 25 Jahren sind sie zusammen in die Schule gegangen und jetzt treffen sie sich und reden über die alten Zeiten. Was haben die Leute früher gemacht?

Bernd	Hallo, Dieter, na, 25 Jahre ist das her. Kaum zu glauben.
Dieter	Tja, 25 Jahre, und du hast immer noch so lange Haare wie früher, Bernd. Fantastisch. Ich dagegen, na, kein Haar mehr, schon seit fünf Jahren und dabei hatte ich früher auch so schöne, lange Haare.
Bernd	Na komm, Dieter, charmant wie Yul Brunner. Sag mal, trinkst du denn immer noch so gern Rum und Cola wie früher?
Dieter	Rum und Cola, oh, das ist lange her. Tja, auf den Schulpartys. Nein, ich trinke jetzt sehr gern Wein, französischen Wein. Du, ich hab ein paar wirklich gute Flaschen zu Hause . . . Aber sag mal Bernd, du trinkst Mineralwasser? Früher hast du doch immer viel Cognac getrunken, das war doch dein Lieblingsgetränk.
Bernd	Ja, das stimmt. Aber, na ja, mein Arzt hat gesagt, ich soll mit dem Alkohol aufhören. Und jetzt trinke ich eben mehr Wasser, Tee, Orangensaft, weisst du. Hörst du eigentlich

immer noch so gern Blues-Musik, du hast doch damals alle Platten von Eric Clapton und *Cream* gehabt, oder?

Dieter Ja, das ist lange her. Clapton höre ich noch manchmal, aber am meisten höre ich jetzt klassische Musik, ich bin wirklich ein Klassik-Fan geworden, vor allem Beethoven. Und du, immer noch der Elvis-Fan?

Bernd Elvis forever, haha. Nein, Rock 'n' Roll höre ich nicht mehr. Ich höre viel Jazz-Musik und geh' oft zu Konzerten.

Dieter Und machst du noch selber Musik? Du hast doch früher in einer Band gespielt?

Bernd Nein, das ist lange vorbei. Wenn ich Zeit habe, reise ich. Letzten Monat war ich erst für eine Woche in Moskau. Das war kalt, aber sehr interessant. Du warst doch früher ein guter Fußballspieler?

Dieter Tja, das stimmt, aber im Moment spiele ich nur noch Tennis, ich bereite mich auf Wimbledon vor. Guck mal, da drüben ist Gerd.

Bernd Hallo Gerd, na, wie geht es ... *(fading out)*

Lektion neun   Ich wohne lieber in der Stadt

Übung 11. Herr und Frau Martinis neue Wohnung. Herr und Frau Martini haben sehr lange eine neue Wohnung gesucht und endlich eine schöne Wohnung gefunden. Frau Martini spricht mit einer Freundin. Was sagt sie?

Marlies Hallo, Susanne.

Susanne Hallo, Marlies. Na, wie geht's denn in der neuen Wohnung?

Marlies Gut. Tja, sie ist wirklich sehr schön. Aber wir haben ja auch lange genug gesucht.

Susanne Ein Viertel Jahr, oder?

Marlies Ein Viertel Jahr? Am Ende fast sechs Monate. Das war ganz schöner Stress.

Susanne Wie groß ist die Wohnung denn?

Marlies Wir haben vier Zimmer, Küche und Bad. Die Küche ist fantastisch, sehr groß, da können wir gut kochen.

Susanne Und wie hoch ist die Miete?

Marlies Relativ preiswert: 830,- Mark.

Susanne	Das klingt ja gut. Und sie liegt auch zentral, oder?
Marlies	Ja, ganz in der Nähe vom Stadtpark. Rainer kann zu Fuß zur Arbeit gehen und bis zur U-Bahn sind es nur 5 Minuten. Und das Abaton-Kino ist gleich um die Ecke.
Susanne	Na, das ist ja super. Und sag mal, habt ihr denn auch genug Möbel?
Marlies	Tja, wir können das meiste aus der alten Wohnung nehmen. Nur brauchen wir eine neue Waschmaschine, denn unsere alte ist kaputt. Und auch noch Regale für die Küche. Vielleicht fahren wir am Wochenende mal zu Ikea.
Susanne	Und wann macht ihr denn eure Einweihungsparty?
Marlies	Mal sehen, vielleicht nächsten Monat.

Übung 15
Beispiel 1
– Wo wohnen Sie? In einem Haus oder in einer Wohnung?
– Ich wohne in einem Reihenhaus.
– Und wieviele Zimmer hat das Haus?
– Es hat 5 Zimmer, eine Küche und Bad.
– Wie sind die Zimmer?
– Die Zimmer sind meistens ziemlich klein. Aber das Wohnzimmer ist groß.
– Haben Sie einen Garten?
– Ja, ich habe auch einen kleinen Garten.
– Ist die Miete oder die Hypothek teuer?
– Die Hypothek ist nicht so teuer. Das Haus ist ja klein.
– Wie ist die Umgebung.
– Die Umgebung ist schön. Da gibt es den Stadtpark gleich in der Nähe.
– Haben Sie gute Verkehrsverbindungen?
– Ja, Bus, Bahn und U-Bahn sind alle gleich in der Nähe.
– Und wie lange fahren Sie zur Arbeit?
– Ich gehe zu Fuß zur Arbeit. In drei Minuten bin ich in meinem Büro.

Übung 16. Daniela redet über Mietpreise für Studentenwohnungen in München und in Canterbury.
Ich hab' das große Glück, daß ich während meinem Studium noch

zu Hause wohnen kann, weil meine Eltern ganz in der Nähe von München wohnen. Das ist natürlich wesentlich billiger, weil München einfach von . . . weil München einfach sehr hohe Mietpreise hat, und die sind halt sehr schwer zu bezahlen. (. . .) Es gibt zwar relativ viele Wohngemeinschaften und so weiter aber, wie gesagt, die Preise sind sehr hoch. Es gibt Studentenwohnungen, aber die werden bevorzugt an Studenten von auswärts vergeben und an Studenten, die eben nicht aus München kommen. Außerdem sind diese Wohnungen nicht besonders schön. Die sind sehr klein und inzwischen auch relativ veraltet, so daß ich eigentlich ganz froh bin zu Hause wohnen zu können. Hier in meiner Zeit in Canterbury wohn' ich in Park Wood und das ist ganz toll. (. . .) Unterkunft hier auf dem Campus ist auf jeden Fall billiger als in München. Ansonsten mit dem Essen kommt es ungefähr auf's gleiche raus. Es ist vielleicht ein bisschen teurer in München, aber nicht allzu sehr.

Lektion zehn Ist Mode wichtig für Sie?

Übung 6. Frau Martens ist Verkäuferin in einem Kaufhaus. Was denkt sie über Mode?

Interviewer	. . . Und Sie Frau Martens. Sind Sie berufstätig?
Frau Martens	Ja, ich bin Verkäuferin in der Kaufhalle hier in Hanau. Ich arbeite seit sieben Jahren dort und finde meinen Beruf eigentlich ganz interessant.
Interviewer	Interessant, aber sicher auch anstrengend?
Frau Martens	Ich arbeite nur halbtags, von acht Uhr bis um 12:30 Uhr. Meine Arbeit ist also nicht besonders anstrengend. Meine drei Kinder kommen um eins nach Hause – dann wird's aber vielleicht anstrengend! Im Fernsehen sieht mein Sohn ein neues Computer-Spiel – das muss er unbedingt haben! Die eine Tochter möchte neue Schuhe von Bruno Magli und die andere eine neue Jeans-Jacke von Calvin Klein. Mode ist für sie natürlich sehr wichtig.
Interviewer	Und für Sie? Ist Mode auch für Sie wichtig?
Frau Martens	Ich persönlich finde Mode uninteressant. Ich ziehe nur an, was ich mag. Auf der Arbeit muss ich zwar

modische Sachen tragen – ich arbeite ja in der
Parfüm-Abteilung.

Interviewer	Und wie sind im allgemeinen die Kunden in Ihrer Abteilung?
Frau Martens	Wir haben meistens ganz nette Kunden. Nur selten kommen unfreundliche Kunden in die Abteilung. Dann reagiere ich immer nur freundlich!

Übung 15. Was für Kleidung tragen die Leute? Richard Naumann
stellt die Fragen.

Dialog 1 mit Mareike

Richard	Was tragen Sie denn normalerweise für Kleidung auf der Arbeit?
Mareike	Ich arbeite in einem Büro und die Atmosphäre ist sehr relaxed. Normalerweise trage ich eine bequeme Hose, meistens mit einer Bluse, wenn es kälter ist, mit einem Pulli.
Richard	Und zu Hause?
Mareike	Eigentlich dasselbe. Eine Hose, oft auch eine Jeans – auf der Arbeit trage ich kaum Jeans – T-Shirt, Pullover. Ich mag bequeme Sachen. Eigentlich trage ich alles, was bequem ist. Was ich aber nicht mag sind Röcke. Röcke ziehe ich fast überhaupt nicht an.

Dialog 2 mit Günther

Richard	Herr Scholz, was tragen Sie denn normalerweise auf der Arbeit?
Günther	Auf der Arbeit trage ich immer einen Anzug, meistens einen dunkelblauen. Dazu ein weißes Hemd und eine Krawatte.
Richard	Und zu Hause?
Günther	Zu Hause, nun, etwas bequemeres, ein sportliches Hemd oder ein Poloshirt.
Richard	Gibt es etwas, was Sie nicht gerne anziehen?
Günther	Nun, wie gesagt, ich trage sehr gern sportliche Kleidung in meiner Freizeit, ich spiele auch Golf und Tennis, ich mag elegante Kleidung, was ich nicht mag ist bunte Kleidung, rote Hemden, Hawaii-Hemden, bunte Hosen und solche Sachen.

Dialog 3 mit Beate

Richard   Beate, du bist Studentin im Moment. Was trägst du denn an der Uni?

Beate   An der Uni meistens Jeans, wie die meisten Studenten oder auch moderne Hosen und dazu modische T-Shirts, ich mag T-Shirts aus Amerika oder London. Hier in der Nähe gibt es eine gute Boutique, da kann man die neusten Sachen kaufen.

Richard   Und jobbst du auch?

Beate   Ja, ich arbeite bei McDonald, da müssen wir natürlich eine Uniform tragen, ziemlich schrecklich, aber ich brauche das Geld.

Richard   Gibt es etwas, was du nicht magst, was du nicht gern anziehst?

Beate   Alles was langweilig ist. Ich finde es gut, wenn sich Leute individuell und interessant anziehen.

Übung 20 und 21. Was bringen wir der Familie mit?

Saskia   Was für ein Stress, jetzt müssen wir auch noch nach den Geschenken suchen. Wir haben mal wieder bis zum letzten Tag gewartet.

Sys   Na ja, New York ist eine sehr aufregende Stadt, weißt du. Wir hatten so viel zu tun! Jetzt müssen wir aber schnell Geschenke kaufen. Aber was?

Saskia   Wie wäre's mit einer Platte von Frank Sinatra für Mutti?

Sys   Gute Idee! Frank Sinatra ist ja Amerikaner, und Mutti war immer ein großer Fan von ihm.

Saskia   Und Vati? Was bringen wir ihm? Das ist doch schwierig, oder?

Sys   Vati sieht gern Baseball-Spiele im Fernsehen. Kaufen wir ihm eine Baseball-Mütze von den New York Yankees.

Saskia   Toll! Vati in einer Baseball-Mütze – das möchte ich sehen!

Sys   Und Oma hat gesagt, sie möchte einen neuen Bademantel.

Saskia   Gut, dann schenken wir ihr einen Bademantel. Hoffentlich ist er aber nicht zu teuer.

Sys   Oh, Tante Heidi müssen wir Turnschuhe von Nike kaufen. Sie hat mir das Geld dafür gegeben. Nike-

	Turnschuhe sind in Amerika viel billiger als in Europa.
Saskia	Und Onkel Georg sammelt U-Bahn-Pläne. Ihm können wir einen U-Bahn-Plan von New York mitbringen.
Sys	Ein komisches Geschenk, aber es wird ihm wohl gefallen.
Saskia	Das wär's also. Gehen wir schnell einkaufen. Und vergiss nicht deine Kreditkarte mitzubringen!

Übung 27. Herr Martens sucht ein T-Shirt für seinen Enkelsohn.

Verkäufer	Kann ich Ihnen helfen?
Kunde	Ja, gerne. Ich suche ein T-Shirt für meinen Enkelsohn.
Verkäufer	Ja, wie alt ist er denn?
Kunde	Acht Jahre. Können Sie mir etwas empfehlen?
Verkäufer	Gefällt Ihnen dieses T-Shirt?
Kunde	Mmh, das ist ein bisschen langweilig. Haben Sie nicht etwas Modernes?
Verkäufer	Gefällt Ihnen das besser?
Kunde	Ja, das gefällt mir. Das ist besser.
Verkäufer	Na, das ist schön.
Kunde	Und was kostet es?
Verkäufer	25,- DM.
Kunde	Gut, das nehme ich dann.
Verkäufer	Ja, bitte zahlen Sie an der Kasse. Da vorne rechts.
Kunde	Vorne links. Vielen Dank.
Verkäufer	Auf Wiedersehen.
Kunde	Auf Wiedersehen.

Lektion elf   Urlaub, Wetter und Gesundheit

Übung 9. Was für Wetter hatten diese Leute im Urlaub?

Bärbel Specht	Wir waren diesen Frühling auf Kreta. Das war fantastisch. Ich war einmal im Sommer dort, oh, das war nicht auszuhalten: über 40 Grad. Aber diesmal: meistens so um 28 Grad. Ideal. Und auch kein Regen. Jeden Tag Sonne und ein leichter Wind. Zum Windsurfen was das wirklich toll. Das kann ich nur jedem empfehlen. Kreta im Frühling: das ist ein Erlebnis.
Jutta Weiss	Mein Traum war es immer, einmal nach Australien zu

fahren und eine alte Schulfreundin von mir dort zu besuchen. Und letzten Dezember hat es endlich geklappt, da hatte ich Zeit und auch genug Geld. In Deutschland war Winter, minus 12 Grad, alle haben hier gefroren, und als ich in Sydney ankam, da war dort Sommer: über 35 Grad. Und Weihnachten haben wir im T-Shirt gefeiert, die machen dort Straßenpartys, unglaublich. Drei Wochen nur Sonne, nur manchmal hat es ein Gewitter gegeben. Aber – ganz ehrlich – mir war das manchmal einfach zu heiß.

Gerd Krönke Dieses Jahr waren wir in Schottland und wir wollten wandern. Aber Schottland im Herbst? Es hat fast nur geregnet. Jeden Tag. Unser Reiseführer hat geschrieben, dass es im Juni besser ist, da regnet es kaum. Na ja, und richtig warm war es auch nicht: 20 bis 25 Grad, manchmal auch kälter. Und Nebel hatten wir auch. Doch eins muss ich sagen: Die Kneipen dort, die Pubs, wie sie auf Englisch heissen, die waren richtig gut. Und die Leute, die waren sehr freundlich und offen. Und hatten auch viel Humor. Also nächstes Jahr will ich wieder hinfahren – auch im Herbst.

Übung 11. Der Wetterbericht im Radio.
Nun die Wettervorhersage für Sonntag, den 25. Mai. Nachts kühlt es auf 8 bis 0 Grad ab. Tagsüber im Südosten 23, in den übrigen Gebieten 13 bis 20 Grad Celsius. Die weiteren Aussichten: Montag im Norden und Osten Wolken und Regen. Dienstag in ganz Deutschland Schauer. Am Mittwoch ab und zu sonnige Abschnitte, und nur noch im Osten Schauer.

Lektion zwölf   Das Leben in Deutschland

Übung 3. Telefonanrufe. Sie hören drei Telefongespräche.

Dialog 1: Herr Giesecke möchte Frau Dr. Martens sprechen.
Receptionist Berchtesmeier und Company. Guten Tag. Was kann ich für Sie tun?
Herr Gieseke Guten Tag. Gieseke von der Firma Krönke,

Maschinenbau. Könnte ich bitte mit Frau Dr. Martens sprechen?

Receptionist	Einen Moment bitte, ich verbinde . . .
	Herr Gieske, es tut mir leid, aber Frau Dr. Martens telefoniert gerade. Die Leitung ist besetzt. Wollen Sie warten?
Herr Gieseke	Gieseke, mit e, nicht Gieske.
Receptionist	Oh. Entschuldigung, Herr Gieseke.
Herr Gieseke	Wie lange kann es denn dauern?
Receptionist	Ja, das ist schwer zu sagen. Soll ich Frau Dr. Martens vielleicht etwas ausrichten? Oder soll sie Sie zurückrufen?
Herr Gieseke	Nein, nein, nein. Das ist nicht nötig. Ich rufe später noch mal an. Auf Wiederhören.
Receptionist	Auf Wiederhören, Herr Gieske . . .

Dialog 2: Nadine möchte ihre Freundin, Sandy, sprechen.

Nadine	Hallo, Frau Stoll, hier ist Nadine. Ist die Sandy da?
Frau Stoll	Hallo Nadine. Na, wie geht's dir?
Nadine	Ganz gut, danke.
Frau Stoll	Das ist ja schön, Nadine. Aber leider ist die Sandy im Augenblick nicht da.
Nadine	Oh, das ist schade. Wo ist sie denn?
Frau Stoll	Sie ist gerade beim Zahnarzt.
Nadine	Oh, nein. Wann kommt sie denn wieder?
Frau Stoll	Ich denke, so in einer Stunde. Soll sie dich dann zurückrufen?
Nadine	Ja, das wäre toll. Ich bin zu Hause.
Frau Stoll	Gut, ich sage es ihr. Und grüß deine Familie.
Nadine	Klar, das mach ich.
Frau Stoll	Tschüs Nadine.
Nadine	Tschüs Frau Stoll.

Dialog 3: Corinna möchte Peter Fink sprechen, aber er ist auf Geschäftsreise.

Corinna	Hallo, Peterle, bist du's?
Herr Schultz	Meinen Sie Herrn Fink? Der ist im Moment nicht da, der ist auf Geschäftsreise.
Corinna	Oh, das wusste ich gar nicht.

Herr Schultz	Ja, er musste für drei Tage nach Wien.
Corinna	Wann kommt er denn wieder?
Herr Schultz	Wahrscheinlich morgen. Wollen Sie vielleicht eine Nachricht hinterlassen.
Corinna	Wenn das geht, ja, gerne.
Herr Schultz	Natürlich. Kein Problem.
Corinna	Können Sie ihm sagen, Corinna hat angerufen und er soll mich morgen zurückrufen. Ich habe ein fantastisches Geschenk für ihn.
Herr Schultz	Gut. Das sag ich ihm.
Corinna	Vielen Dank. Auf Wiederhören.
Herr Schultz	Auf Wiederhören.

Übung 11.

Lebenslauf. Claudia Schulte, von Beruf Journalistin, erzählt über ihr Leben.

Mein Name ist Claudia Schulte und im Moment lebe und arbeite ich in Hamburg. Geboren bin ich aber 1968 in Bremen, wo ich dann auch zur Schule gegangen bin und zwar zunächst von 1974 bis 1978 auf die Grundschule und danach aufs Heinrich-Heine Gymnasium. Nach dem Abitur 1987 war ich dann nicht so sicher, was ich eigenlich machen sollte und habe dann ein bisschen gejobbt, um genug Geld zu haben und bin dann für ein Jahr durch Asien gereist. Das war eine wichtige Erfahrung für mich.

Als ich dann nach Deutschland zurückgekommen bin, habe ich mit etwas Glück eine Praktikumsstelle bei der *Hamburger Zeitung* gefunden und dort für zwei Jahre, von 1988 bis 1989 als Praktikantin gearbeitet.

Nach den zwei Jahren Praxis habe ich dann ein Studium an der Universität Hamburg angefangen und von 1989 bis 1994 studiert, nebenbei natürlich für verschiedene Zeitungen geschrieben.

Nach dem Studium habe ich gleich eine Stelle bei der *Tageszeiting* in Berlin gefunden und dort vier Jahre – von 1994 bis 1998 – gearbeitet.

Seit 1998 arbeite ich beim *Spiegel*, wieder in Hamburg – das ist natürlich ein Traum für jeden Journalisten.